中华文化世纪工程

中华经典导读

上　册

编　　著：施仲谋　　杜若鸿　　邬翠文
编　　审：杜振醉　　关辛秋　　刘孝听
插　　图：许嘉礼
编务助理：施云程

图书在版编目（CIP）数据

中华经典导读：简体版.上册／施仲谋，杜若鸿，邬翠文编著.—北京：北京大学出版社，2013.1
（中华文化世纪工程）
ISBN 978-7-301-21326-1

Ⅰ．中… Ⅱ．①施…②杜…③邬… Ⅲ．传统文化－中国－少年读物 Ⅳ．G624.201

中国版本图书馆CIP数据核字（2012）第233497号

书　　　　名：	中华经典导读（上册）
著作责任者：	施仲谋　主编　　杜若鸿　副主编
	施仲谋　杜若鸿　邬翠文　编著
责 任 编 辑：	邓晓霞
标 准 书 号：	ISBN 978-7-301-21326-1／I·2516
出 版 发 行：	北京大学出版社
地　　　　址：	北京市海淀区成府路205号　100871
网　　　　址：	http://www.pup.cn
电　　　　话：	邮购部 62752015　　发行部 62750672
	编辑部 62767349　　出版部 62754962
电 子 信 箱：	zpup@pup.pku.edu.cn
印 刷 者：	北京大学印刷厂
经 销 者：	新华书店
	650毫米×980毫米　　16开本　9.75印张　164千字
	2013年1月第1版　　2013年1月第1次印刷
定　　价：	38.00元

未经许可，不得以任何方式复制或抄袭本书的部分或全部内容。
版权所有，侵权必究
举报电话：010-62752024　电子信箱：fd@pup.pku.edu.cn

序一

中华文化源远流长、博大精深。她铸就了中华民族的伟大精神，孕育了胸怀天下的情怀，造就了崇尚和谐的民族品格，激发了刚健有为的自强精神，是海内外炎黄子孙生生不息的精神家园，是激励中华儿女奋勇前进的强大动力，是中华民族世代相传的宝贵财富。

随着中国国际地位的不断提高，近年来全球"中国热"、"汉语热"持续升温。对中国的发展理念、发展模式、发展前景的关注，激发了世界各国对汉语学习、认识中国和了解中国文化的全面兴趣。为最大限度地满足各国汉语和中华文化学习者的需求，2004年迄今，国家汉办/孔子学院总部在全世界105个国家建立了350所孔子学院，每年根据各国需要派出一万多名汉语教师和志愿者，赠送了大量的汉语教材，这些举措受到世界各国政府和社会各界的广泛欢迎。

然而，在加快汉语和中华文化"走出去"步伐的同时，我们深切感受到，加深各国人民，特别是青少年学生对中华传统文化的学习、理解和认同更是当务之急。当前，汉语走向世界面临着历史性机遇，中华文化面临着巨大的复兴契机，如何使我们的下一代更好地继承和发扬传统文化，如何让全世界了解优秀的中华文化，是我们需要继续不遗余力去思考、去行动的重大课题。

自回归以来，在香港特区政府的领导下，很多大学、教育出版机构和有识之士心怀加深香港民众对祖国和中华文化认同感的初衷，在推广普通话和普及中华文化方面做了卓有成效的工作。在这样一个背景下,香港大学中文学院施仲谋教授主编的这套《中华经典导读》得以出版,可谓正当其时。

施仲谋教授长期以来致力于中国语言文化的研究和普及工作,其主编的《中华文化承传》和《中华文化撷英》受到各界广泛欢迎。这次主编《中华经典导读》,是从浩如烟海的中华典籍中,精选了一百篇富有代表性的篇章,让读者通过诵读的方式,和经典面对面接触,和传统文化大师直接展开心灵对话。我相信,通过诵读这些富有哲思和美感的经典篇章,读者一定能深刻体验到中华传统优秀文化的隽永魅力,进一步加深对悠久灿烂的中华文化的情感,并在学习、认识和反思中,获得自身道德、学识和修养的提升。

许 琳
国家汉办主任
孔子学院总部总干事

序二

　　香港大学文学院副院长施仲谋博士,多年来致力于中华文化的承传及教育工作。在优质教育基金的赞助下,年前完成了一套四册的《中华文化承传》及一部两册的《中华文化撷英》的编辑与出版,深受教育界的称赏和广为流传。今又将第三阶段的研究成果,结成《中华经典导读》三册出版,图文并茂,读来令人兴趣盎然,对年轻一代学习中华文化经典著作,贡献尤其重大。

　　正如国学大师饶宗颐教授所言:中华文化正在走向全面复兴期,海内外学习中华文化的热潮正方兴未艾。在欧美国家,经典选读长期以来是人文教育的重要基石。在东方社会,经典选读也是全人教育的重要组成部分。随着香港学制的改革,经典学习与人文教育显得越来越重要了。此时此地,这套高水平的《中华经典导读》的出版,就更显得十分合时和难能可贵了,料想必为教育界同工欢迎和广泛采用。

李焯芬
香港中华文化促进中心主席

一、研究缘起

为落实香港课程发展议会关于中国语文科中华文化教学的宗旨，香港大学中文学院汉语中心受特区政府教育局的委托，联同香港中华文化促进中心及香港教育工作者联会，并邀请海内外文教界和出版界专家担任顾问，以全面建构渐进式和系统化的文化学习模式为目标，为各学习阶段设置中华文化教学的大纲和内容。

过去六年，在各方的积极参与下，初中及高中的研究计划取得了丰硕的成果，得到教学界及社会各界广泛的认同。我们举办了十多次大型文化讲座和工作坊，吸引了逾六千名师生参加。此外，为推动本计划在内地、港澳、台湾和海外华人社区的影响力，研究人员多次在本地和海外研讨会上作报告，并收到热烈回响。研究成果《中华文化承传》和《中华文化撷英》，由享负盛名的北京大学出版社出版后，深受社会各界的好评；北大出版社并主动向优质教育基金洽谈简体版和英译版的出版事宜，以便在内地及世界各地发行。际此文化复兴的契机，我们把建构的重点转向对中华原典精粹的吸收，以期为莘莘学子及热心中华文化的人士奠定扎实的基础。

二、研习模式

中华文化的范围非常广阔，小学、中学、大学各阶段学生的兴趣和能力发展也各异；因此，制订一套配合不同学习阶段的教学大纲，以作为整体的指导方向，实为当务之急。中华文化教学在中小学没有独立设科,而是作为中文科的一个学习范畴,因此教学大纲必须配合中国语文课程的实施。

第一阶段(2003—05年)
　　初中中华文化教学大纲参照现行初中中文科课程纲要,并参考其他有关文献,订定24个范畴,采用"知识小品文"的模式。现表列如下:

1. 神话故事	2. 民间传说	3. 社会习俗	4. 传统节日
5. 河山风貌	6. 名胜古迹	7. 情操礼仪	8. 康乐文娱
9. 饮食文化	10. 工艺服饰	11. 语言文字	12. 修辞语汇
13. 伦理道德	14. 经济贸易	15. 交通传讯	16. 科学技术
17. 文学作家	18. 名篇佳作	19. 艺术欣赏	20. 人文教化
21. 治乱兴衰	22. 历史人物	23. 学术思想	24. 宗教信仰

第二阶段(2005—07年)
　　参照香港新高中中国语文科课程大纲、通识科课程大纲与现行的预科中国语文及文化科课程大纲,并参考其他相关文献,订定8个文化研习专题,采用"论说文"模式。现表列如下:

| 1. 政治与发展 | 2. 经济与生活 | 3. 文学与人生 | 4. 艺术与审美 |
| 5. 科技与文明 | 6. 伦理与教化 | 7. 思想与社会 | 8. 传承与交流 |

第三阶段(2007—09年)
　　基础教育影响学生一生至为深远,语文是基础教育的基础,意义尤其重大。从小培养学生的诵读兴趣,以提高其文化感悟和语文能力,实为当务之急。优美的经典诗文,是最佳的诵读材料。学生通过正确、流畅和有感情的朗读,口诵心惟,不但可加深他们对文化的理解和鉴赏能力,还可培养阅读兴趣,提高口语和书面语的表达能力,并诱发想象,促进思维发展。我

们认为,传统美德,如尊重、诚实、勤奋、坚毅、谦让、包容等,是中华文化的核心价值,应该从小培养,以建立良好的思想品德和积极的人生态度。诵读时,声入心通,学生会对作品中隽永的语言,留下深刻的印象,潜移默化,润物无声,得到品德情意的熏陶。

本阶段采用"诵读经典原文"的模式,让学生从小就有接触经典原文的机会。围绕这个模式,依据文化内涵丰富、思想内容健康、语言精炼优美、易读易诵易记、联系生活实践等五项原则,摘录经典原文中的片段和选取诗词名篇。我们选材时,尽量涵盖经、史、子、集最具代表性的篇章,然后分门别类,加入注释、语译,提取文化要点。教材通过深入浅出的评析及点拨式的提问,引导学生思考和分析;图文并茂,以增强学生自学兴趣,并以选择、判断、填充、配对等命题方式,进行阶段性的评估。

《中华经典导读》的选材经过广泛咨询,最终选定一百篇代表性篇章,各按作者或作品时序排列。经典及散文多为节录,诗词也以简短为主。入选的篇章,力求语言精炼生动,声调铿锵优美,宜于诵读。选材分三部分:第一部分侧重人与家庭、学校、朋友等的关系,第二部分侧重人与社会、国家、世界等的关系,第三部分侧重人与生命、自然、宇宙等的关系。至于若干篇章,文辞或略嫌艰深,但并不要求学生完全理解;只须略懂大意,熟读成诵,待将来学识增进了,人生阅历丰富了,再仔细体会。

此外,为结合语文科的朗读教学,本书配备了广州话和普通话的诵读录音供参考,可在北京大学出版社网站(www.pup.cn/dl)下载。关于字词的录音,从切从众,颇费权衡。普通话读音有全国统一的审音标准,主要依据《新华字典》和《普通话异读词审音表》便可以了,我们尽量根据统读规定,但也注意保留古音。广州音方面，仍多据黄锡凌《粤音韵汇》作为读音标准，并参考饶秉才《广州音字典》及詹伯慧《广州话正音字典》等两种取音原则较为宽松的字典。至于诵读古典诗文，除参考《经典释文》、《辞源》、《王力古汉语字典》、《汉语大字典》等辞书外，诗词也根据平仄和押韵的格律，多方斟酌研究。

三、教学实验

为保证文化教材能适应不同学习阶段的需要，教学实验是不可或缺的。承蒙中华基督教会协和小学(上、下午校)、孔教学院大成小学、北角循道学校(上午校)、秀茂坪天主教小学、东华三院李志雄纪念小学、牧爱小学下午校、保良局方王锦全小学、香港潮商学校、香港普通话研习社科技创意小学、培侨小学、博爱医院历届总理联谊会梁省德学校、循道学校(上午校)、圣公会油塘基显小学、圣公会圣雅各小学(上午校)、圣马可小学、嘉诺撒圣方济各学校、嘉诺撒圣家学校以及蓝田循道卫理小学等19所实验学校热心参与，并积极配合，谨致以衷心谢意。

我们知道，经典内容的接受程度，以学生的反响最能得出结论。实验的目的，也就是为难以确定的篇章找出立项的根据。2008年3月，《明报》、《星岛日报》、《文汇报》及《大公报》等四大报章，对第三阶段的研究及实验计划的来龙去脉和文化价值作出专题介绍。报道指出，实验教学能配合学生记忆力较强的优点，诵读可加强学生印象，提升语文表达及写作能力，更能培养学生的品德，予以充分肯定。

四、配套活动

除了制订文化教学大纲、编写文化教材、培训教师和进行教学实验作为重点项目外，研究小组还以专题讲座、工作坊、小组讨论、常识大赛、作文比赛、文艺鉴赏、田野考察等活动相配合，以鼓励学生主动参与，从活动中学习优秀的中华文化，并着重启发他们思考文化问题和提高思辨能力。

网上资料库"中华文化教与学"，已于2008年9月全面启动，网址是http://www.hku.hk/cculture/，学习大纲、篇章教材、广州话和普通话诵读示范等文化资讯齐备，为海内外人士提供经典学习的优质网络平台。

五、未来展望

本书的对象，当然不限于学生和教师，一般社会人士、教育决策者以至文化学者等，皆可通过本书，亲炙中华经典菁华，略窥传统文化堂奥。至于一些启蒙的经典书籍，如《三字经》、《百家姓》、《千字文》、《弟子规》、《孝经》、《朱子治家格言》等，以及一些传诵千古的小诗和短文等，在我们的"中华文化世纪工程"规划中，已预留作为第四阶段的《中华经典启蒙》材料，故暂不选录，读者在不久的将来将会看到这部著作的面世。

根据报道，目前全球已有逾80个国家的2000多所大学在教授汉语，另有不计其数的中小学和孔子学院等，也正在积极开展国际汉语教学，学习人数估计已逾4000万人。香港大学汉语中心自成立至今，向以传承国粹、贯通中西文化为宗旨。现在每年到香港大学交流的国际交换生人数近800人。看到这些外国学生千里迢迢，千方百计地要学好汉语和中华文化，同仁等岂能不戮力以赴，孜孜不倦地探索供本国人、华语地区人士、以至外国朋友学习中华文化的优秀资源？我们期盼这一系列的成果，能对海内外中华文化的学习起到带头和示范的作用。路曼曼其修远兮，吾将上下而求索，愿共勉之。

目录

一、论孝 /《论语》 ……………………………………… 1
二、论学(一) /《论语》 ………………………………… 5
三、论学(二) /《论语》 ………………………………… 9
四、论交友 /《论语》《孟子》 ………………………… 13
五、二子学弈 /《孟子》 ………………………………… 17
六、揠苗助长 /《孟子》 ………………………………… 20
　　守株待兔 /《韩非子》
七、信言不美 /《老子》 ………………………………… 24
八、劝学 /《荀子》 ……………………………………… 27
九、两小儿辩日 /《列子》 ……………………………… 31
十、愚公移山 /《列子》 ………………………………… 35
十一、刻舟求剑 /《吕氏春秋》 ………………………… 40
十二、狐假虎威 /《战国策》 …………………………… 43
十三、中庸 /《礼记》 …………………………………… 46
十四、学记 /《礼记》 …………………………………… 50
十五、凿壁偷光 /《西京杂记》 ………………………… 54
十六、管鲍之交 /《史记》 ……………………………… 57
十七、座右铭 / 崔瑗 …………………………………… 62
十八、师说 / 韩愈 ……………………………………… 66
十九、卖油翁 / 欧阳修 ………………………………… 71
二十、为学 / 彭端淑 …………………………………… 75

目录

二十一、习惯说 / 刘蓉 —— 79

二十二、关雎 /《诗经》—— 84

二十三、行行重行行 / 佚名 —— 88

二十四、长歌行 / 乐府诗 —— 92

二十五、木兰诗 / 佚名 —— 96

二十六、移居 / 陶潜 —— 101
    客至 / 杜甫

二十七、九月九日忆山东兄弟 / 王维 —— 107
    清明 / 杜牧
    元日 / 王安石

二十八、渭城曲 / 王维 —— 113
    送孟浩然之广陵 / 李白
    和子由渑池怀旧 / 苏轼

二十九、送杜少府之任蜀州 / 王勃 —— 119
    黄鹤楼 / 崔颢

三十、燕诗 / 白居易 —— 125

三十一、赋得古原草送别 / 白居易 —— 130
    游山西村 / 陆游

三十二、渔歌子 / 张志和 —— 135
    忆江南 / 白居易

三十三、水调歌头 / 苏轼 —— 139

一、论语

《论语》

1. 孟武伯问孝。子曰:"父母唯其疾之忧。"

——为政篇第二

2. 子游问孝。子曰:"今之孝者,是谓能养⁴。至于犬马,皆能有养;不敬,何以别乎?"

——为政篇第二

3. 子夏问孝。子曰:"色难⁵。有事,弟子⁶服其劳;有酒食,先生⁷馔⁸,曾⁹是以为孝乎?"

——为政篇第二

4. 子曰:"父母在,不远游¹⁰,游必有方¹¹。"

——里仁篇第四

认识作者

《论语》是记录孔子及其弟子言行的语录结集,儒家经典之一。由孔子门人和再传弟子集录整理,共二十篇,

一、论孝

是研究孔子思想的主要资料。

孔子（前551—前479），名丘，字仲尼，春秋末期鲁国陬邑人（zōu；陬邑，今山东曲阜），是伟大的思想家、教育家。孔子开创了私人讲学的风气，据说他的弟子达三千多人，而出色的有七十二人。后世尊称他为"圣人"。

注释

1. 这篇文章选自《论语》，题目是选文时加上的。据《十三经注疏·论语注疏》（北京：北京大学出版社，1999年）。
2. 子：夫子、老师，这里指孔子。
3. 忧：担忧。
4. 养：供养。
5. 色难：色，脸色。色难，意指子女经常在父母面前保持和颜悦色是一件难事。
6. 弟子：这里指年轻的人，即子女。
7. 先生：这里指年长的人，即父母。
8. 馔：吃喝。
9. 曾：难道、竟然。
10. 游：远行。
11. 方：方向、去处。

语译

1. 孟武伯问什么是孝。孔子说："父母最担忧的只是子女患病。"（这句暗示做子女的应该保重身体，以免生病，让父母担心。）

2. 子游问什么是孝。孔子说:"现今的所谓孝,只是说能够供养父母就行了。就连狗和马,都能得到饲养。如果内心对父母没有孝敬之情,那么和饲养狗马有什么区别呢?"

3. 子夏问什么是孝。孔子说:"经常在父母面前保持和颜悦色是一件难事。父母有事情,替他们效劳;有酒有饭,给父母享用。难道这就算是孝吗?"

4. 孔子说:"父母在世,不出远门。如果必须远行,那就应该让父母知道自己的去处。"

学而思之

在人的各种德行中,孝敬父母是首位。孔子在《论语》里多次和学生谈到"孝"的问题,他认为子女除了要悉心照顾父母外,还要带有一颗尊敬的心,这样才是真正的"孝"。怎样去表现"孝",各人方法不同。但只要我们是发自内心的,不管方法怎样,父母都能感受得到那份爱。

二、论学(一)[1] 　　《论语》

1. 子曰:"学而时[2]习[3]之,不亦说[4]乎?有朋[5]自远方来,不亦乐乎?人不知而不愠[6],不亦君子乎?"

——学而篇第一

2. 子曰:"学而不思则罔[7],思而不学则殆[8]。"

——为政篇第二

3. 子曰:"三人[9]行,必有我师焉:择其善者而从之,其不善者而改之。"

——述而篇第七

4. 子曰:"吾尝⁽¹⁰⁾终日不食,终夜不寝⁽¹¹⁾,以思,无益,不如学也。"

——卫灵公篇第十五

二、论学(一)

注释

1. 这篇文章选自《论语》,题目是选文时加上的。据《十三经注疏·论语注疏》(北京:北京大学出版社,1999年)。
2. 时:适当的时候。
3. 习:温习,复习。
4. 说:通"悦",喜悦,愉快。
5. 朋:这里指同一师门的师兄弟,即学友。
6. 愠:怨恨、怨愤。
7. 罔:通"惘",困惑,迷惑。
8. 殆:危险,不安。
9. 三人:这里是几个人的意思。
10. 尝:曾经。
11. 寝:睡觉。

语译

1. 孔子说:"学了以后,适当的时候去复习,不是很令人喜悦吗?有学友从远方来(与我探讨学问),不是很令人快乐吗?别人不了解我,我并不因此而怨恨,这不就是一位有修养的君子吗?"

2. 孔子说:"只读书而不思考,就会困惑而无所得;只思考而不读书,就很危险而失依据。"

3. 孔子说:"几个人一起走,其中一定有人可以当我的老师;我选择他们的优点去学习,借鉴他们的缺点而改正。"

4. 孔子说:"我曾经整天不吃饭,整夜不睡觉,用来思考,但没有什么获益,还不如去学习。"

学而思之

在《论语》全书中,"学习"是一再被提及的一个重要问题。孔子认为探索新知识是一个快乐的过程。过程中,"学习"又必须和"思考"相结合,两者不可偏废,一边虚心求学,一边细心思考,这样,才能将学问做得扎实。孔子也告诉我们,除了在书本上得到丰富的知识外,还必须吸收他人的长处以补充自己的不足,增广见识,提高修养。

三、论学（二）[1]

《论语》

1. 曾子曰："吾日[2]三[3]省吾身：为[4]人谋[5]而不忠[6]乎？与朋友交而不信[7]乎？传[8]不习乎？"

—— 学而篇第一

2. 子曰："吾十有五而志于学，三十而立，四十而不惑，五十而知天命，六十而耳顺，七十而从心所欲，不逾[9]矩。"

—— 为政篇第二

3. 子曰："温故[10]而知新，可以为[11]师矣。"

—— 为政篇第二

4. 孔子曰:"生而知之者,上也;学而知之者,次也;困而学之,又其次也;困而不学,民斯[12]为下矣。"

——季氏篇第十六

三、论学(二)

注释

1. 这篇文章选自《论语》,题目是选文时加上的。据《十三经注疏·论语注疏》(北京:北京大学出版社,1999年)。
2. 三:再三,多次。
3. 省:反省,内省。
4. 为:给,替。
5. 谋:为解决别人的难题出谋划策。
6. 忠:尽心尽力。
7. 信:诚信、诚实。
8. 传:老师传授的学问。
9. 逾矩:超越常规,不守规矩。
10. 故:旧,这里指学过的知识。
11. 为:充当。
12. 斯:乃、就。

语译

1. 曾子说:"我每天都要多次反省自己:为人办事是否尽心尽力呢?和朋友交往是否守信诚实呢?老师所传授的学问是否认真温习呢?"

2. 孔子说:"我十五岁立志求学问;三十岁确立了自己的人生目标;四十岁不致迷惑;五十岁明白了天命;六十岁乐于听取各种不同意见;七十岁能随心所欲,不超越规矩。"

3. 孔子说:"温习学过的知识,获得新的见解和体会,这样就可以做别人的师长了。"

4. 孔子说："一生下来就懂得道理的人，是上等(的资质)；经过学问才知道的人，是次一等；遇到疑难才去学习的人，又次一等；遇到疑难还不去学习的人，是最下等的了。"

学而思之

　　俗语说："活到老，学到老。"学习是一辈子的事。从十五岁确定自己的人生追求开始，孔子通过持之以恒的学习、发问、思考和反省，逐渐成为一个有智慧的人，一个胸怀博大的人。

　　孔子的心路历程，后来被奉为人生阶段性成长的标准，引导人们走上人格自立、精神自足的路途。

四、论交友 《论语》《孟子》

1. 孔子曰:"益者三友,损者三友。友直,友谅,友多闻,益矣。友便辟,友善柔,友便佞,损矣。"

——季氏篇第十六

2. 万章问曰："敢问友。"孟子曰："不挟[8]长[9]，不挟贵[10]，不挟兄弟而友。友也者，友其德也，不可以有挟也。"

——万章章句下

认识作者

孟子（约前372—前289），名轲，字子与，邹（今山东邹县）人，是战国时代著名的思想家。他曾跟孔子的后人子思学习，是继孔子之后儒家的代表人物之一，后世常以"孔"、"孟"并称。

《孟子》一书，记录了孟子的思想和言论。全书共七篇，每篇分上下两章。其文以议论著称，比喻生动，词锋锐利，对后世散文有极大影响。

注释

1. 这两段文字选自《论语》和《孟子》，题目是选文时加上的。据《十三经注疏·论语注疏》（北京：北京大学出版社，1999年）。
2. 友：本文中共出现八次，除此处作名词，义为"朋友"外，

四、论交友

其余的皆作动词,义为"结交"、"交朋友"的意思。

3. 直:正直,耿直。
4. 谅:诚实,真诚。
5. 便辟:善于迎合他人,阿谀奉承。
6. 善柔:表面恭维和善。
7. 便佞:善以言词取悦于人。
8. 挟:倚仗、倚恃。
9. 长:年纪较大。
10. 贵:显贵、显要。

1. 孔子说:"有益的朋友有三种,有害的朋友也有三种。结交正直的人,结交诚实的人,结交见闻广博的人,是有益的。结交阿谀奉承的人,结交表面恭维和善的人,结交花言巧语的人,是有害的。"

2. 万章问道:"请问结交朋友的原则。"孟子说:"不倚仗自己年长,不倚仗自己显贵,也不倚仗兄弟的势力去结交朋友。结交朋友,结交的是品德,不能抱着任何有所倚仗的观念。"

学而思之

　　你知道误交损友会有什么后果吗？中国有句古语："近朱者赤，近墨者黑。"这句话的意思是说，靠近朱砂的东西会变红色，靠近墨的东西会变成黑色。后比喻接近好人就容易变好，接近坏人就容易变坏。早在两千多年前，孔子和孟子就明白这个道理，告诉我们要小心选择朋友，不要误交损友。

五、二子学弈[1]

《孟子》

弈秋,通国[2]之善[3]弈[4]者也。使弈秋诲[5]二人弈,其一人专心致志[6],惟弈秋之为听;一人虽听之,一心以为有鸿鹄[7]将至,思援弓缴[8]而射之。虽与之俱学,弗若之[9]矣。为是其智弗若与[10]?曰:非然也[11]。

17

注释

1. 这篇文章节录自《孟子·告子章句上》，题目是选文时加上的。据《十三经注疏·孟子注疏》(北京：北京大学出版社，1999年)。
2. 通国：全国。
3. 善：擅长。
4. 弈：下棋。
5. 诲：教导。
6. 致志：集中意志。
7. 鸿鹄：即天鹅，泛指大鸟。
8. 缴：系在箭上的丝绳，代指箭。
9. 弗若之：不如他。
10. 与：通"欤"，表示疑问的语气。
11. 非然：不是这样。

语译

弈秋是全国最善于下棋的人。让他同时教导两个人下棋，其中一个用心专一、全神贯注，只聆听弈秋讲解。另一个虽然也听着，但心里总以为有只天鹅快要飞来了，盘算着如何拉弓箭射它。虽然同那个专心致志的人一起学下棋，却不如那人学得好。这是他的才智不及别人吗？当然不是这样的。

学而思之

　　弈秋是全国最出色的围棋手,他同时教导两个人下棋,其中一人专心致志,全神贯注,另一人则三心两意,心神不定。结果,前者学有所成,后者成绩平平。通过两个人学习下棋的不同态度与不同结果,让我们明白自身的态度可以决定学业成败的道理,说明不管做什么事,都要专心致志,不能三心二意。

六、揠苗助长[1] 《孟子》
　　守株待兔[2] 《韩非子》

1. 揠苗助长

宋人有闵[3]其苗之不长而揠[4]之者，芒芒然归[5]，谓其人曰："今日病[6]矣！予助苗长矣！"其子趋[7]而往视之，苗则槁[8]矣。

2. 守株待兔

宋人有耕者[9]，田中有株[10]，兔走[11]触

六．揠苗助长
　　守株待兔

株，折颈而死。因释[12]其耒[13]而守株，冀[14]复得兔。兔不可复得，而身为宋国笑。

认识作者

韩非（约前280—前233），是战国时期韩国（今河南省西北部）公子，法家思想的集大成者。《韩非子》一书，共有55篇，分为20卷，其中大部分为韩非所写。书中的寓言，寓意深刻，蕴含哲理，两千年来广为人们传诵。

注释

1. 本文节选自《孟子·公孙丑章句上》，题目是选文时加上的。据《十三经注疏·孟子注疏》（北京：北京大学出版社，1999年）。
2. 本文节选自《韩非子·五蠹》，题目是选文时加上的。据陈奇猷校注《韩非子集释》（上海：上海人民出版社，1974年）。
3. 闵：通"悯"，忧愁、担心。
4. 揠："拔"的意思。
5. 芒芒然归：疲倦不堪地回家。
6. 病：疲倦。
7. 趋：快步走，赶着向前走。
8. 槁：枯死。
9. 耕者：耕田的人，农民。
10. 株：砍树干剩下来的树墩。
11. 走：跑的意思。
12. 释：放下来的意思。
13. 耒：古代耕田用的农具。
14. 冀：希望的意思。

 语译

　　1. 宋国有一个人，他嫌自己田里的禾苗长得太慢，就把它们一棵一棵拔高。忙了一整天，他拖着疲倦的身体回家，对家人说："今天可累坏了，我帮助禾苗长高了。"他的儿子听后，便赶快跑到田里看一看，只见所有的禾苗都枯死了。

六、揠苗助长
　　守株待兔

2. 宋国有一位农夫，在他的田里有一个树墩。一天，一只兔子跑过来，撞在树墩上，脖子被撞断死掉。从此，农夫放下农具，不再耕作，守在树墩旁，希望再捡到兔子。兔子再也不可能捡到了，而农夫的行径却被宋国人取笑。

　　这两则寓言故事，告诉我们做事应有的态度。"揠苗助长"这故事，说出"欲速则不达"的道理，告诫我们做事要按部就班，循序渐进，不能违反事物的发展规律而急于求成，否则只会把事情弄糟。

　　"守株待兔"这故事，则带出"一分耕耘一分收获"的道理，告诉我们做事不要抱着侥幸的心理，否则只会一无所获。

七、信言不美[1] 《老子》

信言[2]不美，美言[3]不信。善者[4]不辩，辩者[5]不善。知者[6]不博[7]，博者[8]不知。圣人不积[9]，既以为人，己愈有；既以

七、信言不美

_{yǔ}与 _{rén}人，_{jǐ}已 _{yù}愈 _{duō}多。_{tiān}天 _{zhī}之 _{dào}道，_{lì}利 _{ér}而 _{bù}不 _{hài}害；_{shèng}圣 _{rén}人 _{zhī}之 _{dào}道，_{wéi}为 _{ér}而 _{bù}不 _{zhēng}争。

认识作者

老子，姓李，名耳，生卒年不详，约与孔子同时，楚国苦县(今河南鹿邑)人。相传他曾任东周管理图书的史官，学识渊博，孔子也曾向他请教。老子是春秋时代杰出的思想家、哲学家，道家学派的创始人，著有《老子》一书(是否老子所著，历来有争议)。

《老子》又称《道德经》，目前流传的通行本分为上下篇，有八十一章，共五千余言。全书为警句格言形式，蕴含哲理。

注释

1. 本文节选自《道德经》第八十一章下，题目是选文时加的。据辜正坤《老子道德经》(北京：北京大学出版社，2010年)。
2. 信言：真实的话。
3. 美言：动听而不实在的话，即花言巧语。
4. 善者：善良的人。
5. 知者：巧言诡辩的人。
6. 知者：有智慧的人。知，通"智"。
7. 不博：不以广博的知识炫耀于人。

8. 博者：卖弄学识广博的人。
9. 不积：不积累财物。

 语译

真实的话不花巧，花巧的话不真实。善良的人不巧言诡辩，巧言诡辩的人不善良。有智慧的人不以广博的学识炫耀于人，卖弄学识广博的人不是智慧的人。圣人不积蓄财物，尽自己所能帮助别人，自己反而更充足；尽全力给予别人，自己反而更丰富。自然的规律，是利于他人而不损害他人；圣人的法则，是只辩实事而不争权夺利。

本章历来都被看作是对《老子》全书的思想总结。前三句在于提示人要诚实、真挚、谦虚，不要巧言令色，骄傲自大。

老子提倡不争，反对争权、争名、争利。故此，后四句是勉历人要乐于行善，不可自私自利。因为当我们帮助别人的时候，自己的心灵和人生也变得更丰富、更精彩。

八、劝学[1]

《荀子》

积土成山,风雨兴焉;积水成渊[2],蛟[3]龙生焉;积善成德,而神明[4]自得,圣心[5]备[6]焉。故不积跬[7]步,无以

至千里；不积小流，无以成江海。骐骥[8]一跃，不能十步；驽马[9]十驾[10]，功在不舍。锲[11]而舍之，朽木不折；锲而不舍，金石可镂[13]。

认识作者

荀子(前313—前238)，名况，时人尊称他为荀卿，战国末期赵国(今山西东南部至河北南部)人。荀子属儒家学派，但他又吸收、融合了其他学派的学说，建立了一套完整的理论，提出是人主宰自然，而不是自然主宰人的思想。另外，他认为人性本是恶的，但后天的学习和礼教可以使它改变。

《荀子》一书，共有三十二篇，其中大多数是荀子所写的，小部分出于门人之手。书中的文章大多是长篇专论，内容雄浑深厚，说理透彻，结构严谨。

注释

1. 本文节选自《荀子·劝学篇》。据张觉撰《荀子译注》(上海：上海古籍出版社，1995年)。
2. 渊：深水。
3. 蛟：传说中能发洪水、兴风浪的无角之龙。

4. 神明：如神般的通晓明白，指人的智慧。
5. 圣心：德智完备的仁心。
6. 备：具备。
7. 跬：半步。古时跨出一脚为"跬"，跨两脚为步。
8. 骐骥：骏马、良马。
9. 驽马：劣马，跑不快的马。
10. 十驾：用马拉车，走一天叫一驾，十驾就是积十天的路程。
11. 舍：舍弃、停止。
12. 锲：刻。
13. 镂：雕刻。

语释

累积泥土成为高山，风雨就从那里兴起；汇聚河水成为深渊，蛟龙就在那里生长；积聚善行成为美德，自然会得到极高的智慧，具备圣人的思想境界。所以不一步步累积，就不能走到千里之远；不汇聚小水流，就不能成为江海。骏马一个跳跃，不能超过十步；驽马拉车走上十天，也能走得很远，它的成功在于不放弃。只雕刻一下就放在一边，朽木也不能刻断；持之以恒不停地刻，金石也可以雕刻成形。

学而思之

　　荀子认为人的自然天性是恶的。那么怎样克服人性之恶呢？荀子劝勉人们奋力求学，指出学习可以使人向善。本文主要是论述学习应有的方法和应持的态度，即要不断积累、要坚持不懈，并用一连串的比喻来论证"积累"与"不懈"的重要意义。文章使我们明白这样一个道理：一个人，即使资质平庸，若能勤奋学习，努力不懈，不断地累积，也一定能学有所成。

九、两小儿辩日[1] 《列子》

孔子东游,见两小儿辩斗[3]。问其故。一儿曰:"我以[4]日始出时去人近[5],而日中[6]时远也。"一儿以日初出远,而日中时近也。一儿曰:"日初出，大如车盖[7]；及[8]日中，则如盘盂[9]：此不为远者小而近者大乎？"一儿曰："日初出苍苍[10]凉凉，及其日中如探汤[11]：此不为近者热而远者凉乎？"子不能决[12]也。两小儿笑曰："孰[13]为汝多知[14]乎？"

认识作者

列子，名御寇，大约生于春秋末年，死于战国初年。郑国人。《列子》又名《冲虚经》《站虚真经》，是道家重要典籍，相传是列子所作。不过，原书已经失传，现存的是东晋人张湛根据搜集到的资料编纂而成，共八卷。书中保存了不少古代寓言、民间故事和神话传说，如"两小儿辩日"、"杞人忧天"、"愚公移山"等。

注释

1. 本文节选自《列子·汤问篇》。据杨伯峻《列子集释》（上海：龙门联合书局，1958年）。
2. 东游：游，游历的意思。东游，到东方游历。

九、两小儿辩日

3. 辩斗：争辩。
4. 以：认为。
5. 去人近：距离人比较近些。
6. 日中：正午。
7. 车盖：古代车子上遮挡阳光和雨水的篷盖。
8. 及：到。
9. 盘盂：泛指器皿。
10. 苍苍：寒冷的样子。
11. 探汤：伸手到热水之中，此处指天气很热。汤，热水。
12. 决：判断。
13. 孰：谁。
14. 知：知识。

语译

　　孔子到东方游历，有一天碰上两个小孩正争辩不休，便问他们辩论什么。其中一小孩说："我认为，太阳刚出来时离人们近些，中午时远些。"另一小孩则认为太阳刚出来时离人们远些，中午时近些。前一小孩解释说："太阳刚出来时大得像车盖，到了中午，就只有盘子那么大。这不是远的看起来小而近的看起来大吗？"另一小孩也解释说："太阳刚出来，比较清凉，到了中午，就热得好像伸手到滚烫的水里一样。这不是近的感到热而远的感到凉吗？"孔子听后，不能判断谁是谁非。于是，两个小孩子笑了起来说："谁说你的知识渊博呢？"

33

学而思之

　　孔子在游历途中,遇上两个小孩正在争论太阳早晨与中午距离地面的远近问题,各有各的理由,他也不能判断谁是谁非。作者通过这故事,说明知识浩瀚无穷,即使像孔子那样博学多闻的人,也难以掌握全部知识。所以,我们对待学问应采取谦虚谨慎、实事求是的态度,懂就是懂,不懂就是不懂,不要不懂装懂。就像孔子所说的:"知之为知之,不知为不知,是知也。"

十、愚公移山[1]　《列子》

太形、王屋二山,方七百里,高万仞[2];本在冀州之南,河阳[3]之北。北山愚公者,年且[4]九十,面山而居。惩[5]山北之塞,出入之迂[6]也,聚室而谋[7]曰:"吾与汝[8]毕力平险,指通豫南,达于汉[9]阴,可乎?"杂然[10]相许[11]。

河曲智叟[12]笑而止之曰:"甚矣,汝之不惠[13]!以残年余力,曾不能毁山之一毛[14],其如土石何?"北山愚公长息曰:"汝心之固[15],固不可彻[16],曾[17]不若孀妻弱子。虽我之死,有子存焉。子又生孙,孙又生子;子又有子,子又有孙;子子孙孙,无穷匮[18]也;而山不加增,何苦而不平?"河曲智叟亡[19]以应。

注释

1. 本文节选自《列子·汤问篇》，题目是选文时加上的。据杨伯峻《列子集释》(上海：龙门联合书局，1958年)。
2. 万仞：仞，量词，古代长度单位，一仞约等于八尺。万仞，虚数，形容山势很高。
3. 河阳：河，古代专指黄河；阳，指水的北面或山的南面(水的南面或山的北面则称"阴")。黄河北岸。
4. 且：将近、快要。
5. 惩：苦于。
6. 迂：曲折、绕远。
7. 谋：商议。
8. 汝：你，这里作复数"你们"。
9. 汉阴：汉水南面。
10. 杂然：纷纷的样子。
11. 许：赞同。
12. 叟：老年男子。
13. 惠：通"慧"，聪明。
14. 毛：指地面所生的草木。
15. 固：顽固、固执。
16. 彻：通达、明白事理。
17. 曾：竟然。
18. 穷匮：匮，缺乏。穷匮，穷尽、缺乏。
19. 亡以应：没有话来回答。亡，通"无"。

语译

　　太形和王屋两座山，方圆七百里，高达几万尺，原来在冀州的南部，黄河的北面。北山有个叫愚公的人，年纪将近九十岁了，面对着大山居住，对山北的人受到阻隔，出入的道路十分迂回曲折，感到很苦恼，于是召集家人来商议说："我和你们尽一切力量把这两座大山夷为平地，这样便可直达豫州的南部，通到汉水的南面，你们认为怎样？"大家听了，纷纷表示赞同。

　　河曲有一位名叫智叟的老人，笑着劝阻愚公说："你实在太不聪明了，凭你这把年纪，这点儿力气，连山上的一草一木都搬不动，又能把山上的泥土、石块怎么样呢？"愚公长叹了一口气，说："我看你太顽固了，已经到了无法开通的地步，就连寡妇和小孩都不如。我即使死了，可是我还有儿子呢；儿子又生孙子，孙子又生儿子；儿子又生儿子，儿子又生孙子：这样子子孙孙是无穷无尽的。但是大山是不会再增高了，你何必担心不能夷平它呢？"河曲智叟无言以对。

十、愚公移山

年近九十的愚公，不理会别人的嘲笑，决心移去阻塞在家门前的两座大山。这是一个广为流传的寓言故事，赞美了愚公不怕艰难险阻的大无畏精神。

同样，我们在追求学问的过程中，难免会遇上困难。愚公移山这故事，说明了有志者事竟成的道理，启示我们只要下定决心，努力不懈，任何困难都是可以克服的。

十一、刻舟求剑[1] 《吕氏春秋》

楚人有涉江[2]者,其剑自舟中坠于水,遽[3]契[4]其舟曰:"是吾剑之所从坠也。"舟止,从其所契者入水求之。舟

已行矣，而剑不行，求剑若此，不亦惑[5]乎？以故法[6]为其国与此同。时已徙[7]矣，而法不徙，以此为治，岂不难哉？

认识作者

《吕氏春秋》，又名《吕览》，为战国末秦相吕不韦召集门客所共同编写。全书共二十六卷，分八览、六论、十二纪，一百六十篇。《吕氏春秋》取材博赅，兼采儒、道、名、法、墨、农及阴阳等各家学说，为杂家之代表著作。

吕不韦(？—前235)，战国末卫国濮阳(今河南濮阳市)人，为思想家、政治家。原为富商，后因资助秦王政的父亲秦庄襄王登上王位而备受重用，成为相国。秦王政年幼即位，继续为相。

注释

1. 本文节选自《吕氏春秋·察今篇》，题目是选文时加上的。据陈奇猷校注《吕氏春秋新校释》(上海：上海古籍出版社，2002年)。
2. 涉江：渡江。
3. 遽：立刻。
4. 契：用刀雕刻。
5. 惑：困惑，迷惑。

6. 故法：旧法。
7. 徙：迁移，变迁。

语译

有一个楚国人在渡江时，他的佩剑从船上掉到水里去，他连忙在船边上刻了一个记号，说："我的剑就是从这里掉下去的。"等到船停了，他就从记号处下水找剑。船继续前行，剑却沉入水底没有移动，像这样来寻找剑，不是令人大惑不解吗？用旧法治理国家，就与这个人一样。时代已经变了，但是法令还不改变，用这种方法来治理国家，怎么会不困难呢？

故事中的楚国人，在剑掉下水去的小船边上刻个记号。剑沉入水底没有移动，小船却继续前行。船停了再下水去寻剑，这显然是徒劳的。作者借这个故事说明：世界上的万事万物处于不断的发展变化之中，一个国家的政策法令，不随着时代的变迁而修改，就很难把国家治理好。同样，我们待人处事，也不能拘泥固执，不知变通，要因应变化了的情况，灵活处理。

十二、狐假虎威[1] 《战国策》

虎求[2]百兽[3]而食之,得狐。狐曰:"子无敢食我也!天帝使我长[4]百兽。今子食我,是逆[5]天帝命也。子以我为不信,吾为子先行,子随吾后,观百兽之见我而敢不走[6]乎?"虎以为然,故^{gù}遂^{suì}与^{yǔ}之^{zhī}行^{xíng}。兽^{shòu}见^{jiàn}之^{zhī}皆^{jiē}走^{zǒu}。虎^{hǔ}不^{bù}知^{zhī}兽^{shòu}畏^{wèi}己^{jǐ}而^{ér}走^{zǒu}也^{yě}，以^{yǐ}为^{wéi}畏^{wèi}狐^{hú}也^{yě}。

认识作者

《战国策》的原作者不可考，最初有《国策》、《国事》、《长书》等各种不同名称与版本。西汉末年，刘向进行整理和编校，并定名为《战国策》。全书33篇，按照东周、秦、齐、楚、赵、魏、韩、燕、宋、卫、中山的次序进行排列，广泛记载了战国时期的政治、经济、军事和文化，而侧重于记载游说之士的策略和言论，是中国古代一部重要的历史著作，同时也是一部优秀的历史散文集。

刘向(前77—前6)，字子政，西汉末年沛(今江苏沛县)人，是一位著名的学者。除编订《战国策》外，著作还有《列女传》、《说苑》等。

注释

1. 本文节选自《战国策·楚策一》，题目是选文时加上的。据刘向集录《战国策》(上海：上海古籍出版社，1985年)。
2. 求：找寻。
3. 百兽：各种兽类。
4. 长：动词，当首领、掌管。
5. 逆：违背，不顺从。
6. 走：逃走，逃跑。
7. 畏：害怕。

语译

老虎找寻各种野兽吃,有一次捉到一只狐狸。狐狸对老虎说:"你是不敢吃我的!天帝派我来做百兽之王。你要是吃了我,便是违背天帝的命令!如果你不相信,(那么)我走在前面,你跟在后面,看看百兽见到我,有哪个敢不逃跑的呢?"老虎以为是真的,于是跟着狐狸走。果然,百兽皆争相逃命。老虎不懂得百兽是害怕自己才逃跑,还以为是害怕狐狸呢。

学而思之

老虎捉住了一只狐狸,狐狸谎称自己是百兽的领袖,要老虎跟在自己后面走看看它的威风。果然,百兽见了,纷纷逃跑。狐狸是借着老虎的威风把百兽吓跑的,但老虎并不知道百兽是怕自己,还以为是真的怕狐狸。

作者借这则寓言讽刺了人世间那种依仗别人的威势来欺压弱者的奸狡之徒,同时也借以嘲笑那种被人利用却蒙在鼓里的愚蠢的强权者。

十三、中庸[1]

《礼记》

博学之，审[2]问之，慎思之，明辨[3]之，笃行[4]之。有弗[5]学，学之弗能，弗措[6]也；有弗问，问之弗知，弗措也；有弗思，

思之弗得，弗措也；有弗辨，辨之弗明，弗措也；有弗行，行之弗笃，弗措也。人一能之，己百之；人十能之，己千之。果能此道[7]矣，虽愚必明[8]，虽柔必强。

《礼记》是"五经"中《礼》之一（《礼》经包括《周礼》、《仪礼》与《礼记》），共有49篇，不是一人一时之作，各篇作者多已不可考，大率为孔子弟子及其再传、三传弟子等所记。现时通行的《礼记》，是由西汉戴圣辑录的。书中记录秦汉以前许多礼节的细则，也详尽地论述了各种典礼的意义和制礼的精神，对于研究中国古代的社会情况和文物制度，很有参考价值。

戴圣，字次君，梁郡（今河南商丘南）人，一说魏郡斥丘（今河北成安）人。与叔父戴德一起学《礼》于后苍，汉宣帝时立为博士，世称"小戴"。其所编纂的《礼记》，也称《小戴记》或《小戴礼记》。

1. 本文节选自《礼记·中庸》。《中庸》为《礼记》中的一篇，内容是讲述儒家的中庸思想，认为做事不偏不倚是最

高的道德准则与自然之道。宋人朱熹将其从《礼记》中抽出，与《论语》、《孟子》、《大学》合编为"四书"。据《十三经注疏·礼记正义》(北京：北京大学出版社，1999年)。

2. 审：详细，周密。
3. 明辨：清楚的分辨。
4. 笃行：确实履行。
5. 弗：不。
6. 措：弃置、放弃。
7. 道：道理。
8. 明：聪明。

要广博地学习，要详细地询问，要慎重地思考，要清晰地辨别，要切实地行动。除非不学，学了不学到通达晓畅绝不终止；除非不问，问了不问到彻底明白绝不终止；除非不去思考，思考了没有所得绝不终止；除非不去辨别，辨别了没有辨明绝不终止；除非不终行，实行了不做到圆满绝不终止。别人一次能做好，我做一百遍也一定会做好；别人十次能做好，我做一千遍也一定会做好。如果能够按照这个道理去做，即使是愚笨的人，也一定能变得聪明；即使是柔弱的人，也一定会变得刚强。

学而思之

　　这篇文章勉励我们只要依循以下五个准则去做——广博地学习，详细地请教，慎重地思考，清晰地辨别，切实地行动——就能成为一个品德与才智兼备的人。也许，在实践的时候，我们会遇上不少困难，让人气馁。可是，千万别放弃，要抱着"人一能之，己百之"的精神，别人一次能做好，我做一百遍也一定会做好的。有了这种精神，经过不断的努力，即使是资质愚笨柔弱的人，也能取得出色的成绩。

十四、学 记[1] 《礼记》

君子如欲化民成俗,其必由学[2]乎!玉不琢不成器,人不学不知道[3]。

是故古之王者建国君[4]民,教学为先。《兑命》[5]曰:"念终始典于学[6]。"其此之谓乎!

虽有嘉肴[7],弗食不知其旨[8]也;虽有至道[9],弗学不知其善也。故学然后知不足,教然后知困[10]。知不足,然后能自反[11]也。知困,然后能自强[12]也。故曰:教学相长[13]也。《兑命》曰:"学学半[14]。"其此之谓乎!

注释

1. 本文节选自《礼记·学记》。《学记》是《礼记》中的一篇,主要记载秦汉以前的学校制度、教育目的、教学容内和方法,是研究我国古代教育的珍贵文献。据《十三经注疏·礼记正义》(北京:北京大学出版社,1999年)。
2. 学:这里是教育的意思。
3. 道:道理。
4. 君:动词,君临,即统治、管理。

5. 《兑命》：《尚书》中篇名，今本《尚书》作《说命》。

6. 典于学：以教育工作为要务。

7. 嘉肴：美味的鱼肉等荤菜。肴，本指带骨头的熟肉，这里泛指鱼肉。

8. 旨：味美。

9. 至道：好到极点的道理。

10. 困：疑惑不通。

11. 自反：自我反省。

12. 自强：自我勉励。

13. 相长：互相促进。

14. 学学半：第一个"学"字，解作教导别人，第二个"学"字，解作向人学习。全句意思是，教与学各占一半，也就是教与学同样得到益处。

语译

君子如果要教化人民，树立良好的风俗，一定要从教育入手。玉不经过雕琢，不能成为完美的器具；人不透过学习，不懂得为人处世的道理。所以，古时候的君主，要建立国家，治理人民，都把教育摆在首要地位。《尚书·兑命》篇说："（君主）要由始至终重视教育。"大概就是这个意思吧。

即使美食佳肴前，不亲自品尝就不知道它的味道；即使有了极好的道理，不去学习就不知道它的好处。所以说，只有通过学习，才知道自己的不足；只有通过施教，才知道自己的不通。知道不足，才会自我反省；知道不通，才会自我鞭策。所以说，教与学是互相促进的。《尚书·兑命》说"教和学各得一半"，大概就是这个意思了。

十四、学记

学而思之

　　本文主要谈论了教育方面的两个道理：一是教育是为了让人们懂得如何为人处世，从而树立良好的风俗习惯；一是教与学是互动的，教学可以互相促进。这当中，对我们青少年一代来说，明白"人不学，不知道"的道理，就可以进一步明确学习的重要性；而明白了"当然后知不足"的道理，更可策励自己确立"终身学习"的长远目标。

十五、凿壁偷光[1] 《西京杂记》

匡衡[2],字稚圭,勤学而无烛[3]。邻舍有烛而不逮[4],衡乃穿壁[5]引其光,以书映光而读之。邑人大姓[6],文不识,家富多书,衡乃与其佣作[7],而不求偿[8]。主人怪[9]，问衡，衡曰："原得主人书遍读之。"主人感叹，资给以书，遂成大学[10]。

认识作者

《西京杂记》，葛洪（约281—341）撰。"西京"指西汉首都长安。书的内容颇为丰富，多为西汉遗闻轶事，间杂怪诞的传说异闻。书末有跋，自称抄自刘歆《汉书》，疑为伪托。

葛洪，字稚川，号抱朴子，晋代丹阳句容（今属江苏省）人，为道教丹鼎派理论家、医学家。

注释

1. 本文节选自《西京杂记》卷二，题目是选文时加上的。据向新阳、刘克任校注《西京杂记校注》（上海：上海古籍出版社，1991年）。
2. 匡衡：西汉经学家，东海承（今属山东省）人，汉元帝时官至丞相。
3. 烛：蜡烛。
4. 逮：到。
5. 穿壁：凿穿墙壁。
6. 邑人大姓：家乡中的大户人家。
7. 佣作：受雇为人工作。
8. 偿：报酬。

9. 怪：奇怪。
10. 大学：学问渊博的人。

语译

匡衡，字稚圭，喜爱读书却没有钱买蜡烛照明。邻居有烛光而照不到，他就在墙壁上凿了一个洞，让烛光透过来，把书对着微弱的光线阅读。他的家乡有一大户人家名叫文不识，家中富有，收藏了很多书籍，匡衡就去给他家做佣工，而不要工钱。主人觉得很奇怪，就问匡衡个中原因。匡衡回答："希望你能让我读遍你家的藏书。"主人被匡衡的好学精神所感动，就把藏书借给他看。匡衡终于学有所成。

学而思之

西汉著名的匡衡，出身于农民家庭，生活十分贫困，家中穷得连书本也买不起、灯油也没有。但是，他没有因此而放弃。他在墙壁上凿了一个小洞，利用邻居那里透射过来的微弱的光线阅读。他去给别人做佣工，以换取读书的机会，终于学有所成。比起匡衡来，今天青少年的学习条件优越得多了，但他那种刻苦读书的精神，却仍然是值得学习的。

十六、管鲍之交[1] 《史记》

管仲[2]曰："吾始困时，尝[3]与鲍叔[4]贾[5]，分财利多自与[6]，鲍叔不以我为贪，知我贫也。吾尝为鲍叔谋事而更

穷[7]困，鲍叔不以我为愚，知时[8]有利不利也。吾尝三仕[9]三见[10]逐[11]于君，鲍叔不以我为不肖[12]，知我不遭时[13]也。吾尝三战三走[14]，鲍叔不以我为怯[15]，知我有老母也。公子纠[16]败，召忽[17]死之，吾幽囚[18]受辱[19]，鲍叔不以我为无耻[20]，知我不羞小节[21]而耻功名不显[22]于天下也。生我者父母，知我者鲍子也。"

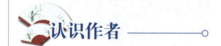认识作者

　　《史记》是西汉时期历史学家司马迁撰写的一部纪传体通史，记载了上自传说中的黄帝时代、下至汉武帝时期共2600多年的历史。全书包括十二本纪、三十世家、七十列传、十表、八书，共一百三十篇，五十二万六千五百余字。司马迁以"究天人之际，通古今之变，成一家之言"的史识撰写《史记》，对后世史学和文学的发展都产生了深远影响。

　　司马迁(约前145—前90)，字子长，西汉夏阳(今陕

西韩城)人,是著名的史学家和文学家,武帝时任太史令,史称太史公。《史记》被公认为中国史书的典范。

注释

1. 本文节选自《史记·管晏列传》。据《史记》(上海:上海古籍出版社,1997年)。
2. 管仲:名夷吾,春秋时齐国宰相,辅佐齐桓公成为霸主,称霸诸侯。
3. 尝:曾经。
4. 鲍叔:即鲍叔牙,春秋时齐国大夫,以知人著称。
5. 贾:经商,作买卖。
6. 多自与:经常自己多拿一些。
7. 穷困:这里指窘迫,即处境艰难。
8. 时:时机。
9. 仕:做官。
10. 见:被。助词,用在动词前面表示被动。
11. 逐:贬逐。
12. 不肖:不贤,没有才干。
13. 不遭时:未遇到好时机。
14. 走:跑,这里指败逃。
15. 怯:懦弱。
16. 公子纠:齐国公子,姓姜,与公子小白(齐桓公)争位失败被杀。
17. 召忽:齐国人,与管仲同辅公子纠。公子纠败亡后,召忽自杀。
18. 幽囚:拘禁。

19. 受辱：遭受侮辱。
20. 无耻：不知羞耻。
21. 小节：细微琐碎的事情或行为。
22. 显：显扬，表现。

语译

  管仲说："从前我穷困的时候，曾经与鲍叔一起做生意。分财利时我经常自己多拿一些，鲍叔不认为我贪财，因为他知道我很贫穷。我曾经替鲍叔谋书事情而使他更加窘迫，鲍叔不认为我愚笨，因为他知道时机有利有不利。我曾经几次做官几次被君主贬逐，鲍叔不认为我没有才能，因为他知道我没有遇上好时机。我曾经三次打败仗而三次逃跑，鲍叔不认为我胆怯，因为他知道我家中有年迈的母亲。公子纠争夺君位失败，召忽自杀，我被囚禁，遭受侮辱，鲍叔不认为我没有羞耻之心，因为他知道我不因小的过失而感到羞愧，却以功名不显扬于天下而感到耻辱。生我的人是我的父母，了解我的人是鲍叔啊。"

  管仲与鲍叔牙二人从小是好朋友。鲍叔牙出身贵族,管仲出身平民,二人身分悬殊,但鲍叔牙没有轻看管仲,他知道管仲很有才能,将来必能成大器。后来,管仲成为齐国的名相,辅佐齐桓公,使齐国成为强国,称霸诸侯。

  本文借管仲之口,抒发他与鲍叔牙之间的知遇之情。管仲自言一连串难以为人原谅、理解的行为,鲍叔牙都能原谅、都能理解,丝毫不动摇对自己的信任,其见事之明,知人之深,跃然纸上。结句"生我者父母,知我者鲍子也",自是从肺腑中流出,令人感动,引人共鸣。直到今天,我们还以"管鲍之交"、"管鲍分金"比喻友情的深厚,知己的难得。

十七、座右铭[1]

崔瑗

无道人之短[2],无说己之长[3]。施人慎勿念,受施[4]慎勿忘。世誉[5]不足慕,唯仁为纪纲[6]。隐[7]心而后动,谤议[8]

庸何伤[9]。无使名过实，守愚圣所臧[11]。在涅[12]贵不缁[13]，暧暧[14]内含光。柔弱生之徒，老氏诫刚强[15]。行行[16]鄙夫[17]志，悠悠[18]故难量。慎言节饮食，知足胜不祥。行之苟有恒，久久自芬芳[19]。

认识作者

崔瑗(77—142)，字子玉，东汉涿郡安平(今河北省安平县)人。崔瑗笃志好学，才能出众，十八岁时至京城，向侍中贾逵请教，又与马融、张衡等相友好。被举茂才后，任官七年，颇有政绩，为百姓所爱戴。官至济北相。崔瑗善于文辞，尤其是书记箴铭，所著有赋、碑、铭、箴等凡五十七篇；又工于书法，著有《草书势》等。

注释

1. 本文收录在《文选》中。据萧、李善注《文选》(上海：上海古籍出版社，1986年)。
2. 短：过失，缺点。
3. 长：长处，优点。

4. 施：第一个"施"字，为动词，解作给予；下一句的"施"字，用作名词，解作恩惠。

5. 世誉：世人的称赞。

6. 纪纲：法度，准则。

7. 隐：详细考虑，审度。

8. 谤议：毁谤，非议。

9. 庸何：什么。

10. 守愚：谨守纯朴，意即不炫耀才华，不卖弄聪明。

11. 臧：善，好。这里用作动词，表示赞赏。

12. 涅：可用作黑色染料的矿物质。

13. 缁：黑色。这里用作动词，染黑之意。

14. 暧暧：昏暗不明的样子。

15. 柔弱生之徒，老氏诫刚强：源自《道德经》七十六章，老氏即道家始祖老子。老子说人在活着的时候身体是柔弱的，在死后身体变得僵硬；草木在生长的时候是柔软脆弱的，死了的时候就变得干硬枯萎。所以强硬的事物属于死亡的一类，柔弱的事物属于生存的一类。

16. 行行：刚强的样子。

17. 鄙夫：见识浅薄的人。

18. 悠悠：安闲暇适的样子。

19. 芬芳：这里用来比喻品性优良。

语译

　　不要说别人的短处，不要夸自己的长处。给了别人好处一定不能记住，接受别人好处一定不可忘记。世人的称赞不值得羡慕，只有仁义才是做人的准则。深思熟虑然后才行动，毁谤又能伤害什么？不使名声超过实际，谨守纯朴才是圣人所称道的。处在污浊的环境中，贵在不被污浊所染。有才德的人，光芒内敛，只求内在充实。柔弱的事物得以生存，老子以刚强为戒。见识浅薄的人，常常想表现出刚强的样子。唯有闲静不与人争的人，他的成功才无可限量。说话要谨慎，饮食要节制，一个人知道满足，就可以避免不吉利的事情发生。如果照此而行，持之以恒，就一定能养成优良的品性。

这篇铭文，是作者崔瑗为了自我勉励而写给自己看的，常置于座位右侧，所以称为"座右铭"。文中，崔瑗勉励自己要待人宽厚，行事谨慎，纯朴自守，不自我炫耀，以仁义为做人准则，以外柔内刚为做人方式。全文为五言对句，语言简练，含意深刻，对后人有一定的启迪。

十八、师说[1]

韩愈

古之学者[2]必有师。师者,所以传道[3]受业[4]解惑[5]也。人非生而知之者,孰能无惑?惑而不从师[6],其为惑也,终不解矣。

生乎[7]吾前,其闻道[8]也固[9]先乎吾,吾从而师[10]之;生乎吾后,其闻道也亦先乎吾,吾从而师之。吾师道[11]也,夫庸[12]知其年之先后生于吾乎!是故无[13]贵无贱,无长无少,道之所存,师之所存也。

圣人无常师[14],孔子师郯子[15]、苌弘[16]、师襄[17]、老聃[18]。郯子之徒[19],其贤[20]不及

十八、师说

孔子。孔子曰:三人行,则必有我师。是故弟子不必不如[21]师,师不必贤[22]于弟子。闻道有先后,术业有专攻[23],如是而已。

认识作者

韩愈(768—824),字退之,唐代著名文学家。河南南阳(今河南孟县)人,祖籍昌黎(今河北昌黎县),故世称韩昌黎。他幼失父母,由长兄嫂抚养成人,苦学成名。二十四岁考中进士后,先后担任过监察御史、吏部侍郎等职。由于他直言敢谏,因此几次被贬谪,仕途并不顺利。死后谥"文",故又称韩文公。

韩愈是中唐古文运动的领导者,强调"文以载道",反对六朝以来的骈俪浮夸的文风,主张恢复先秦两汉的散文传统。他与柳宗元等人倡导"古文运动",开辟了唐宋以来的古文发展道路,为"唐宋八大家"之首。他的散文各体兼长,论说文、杂文、叙事文、抒情文、应用文都写得很好,成就超卓。有《韩昌黎集》五十五卷传世。

注释

1. 全文共有六段,这里节录的是第一、二段和第五段。据马通伯校注《韩昌黎文集校注》(香港:中华书局有限公司,1972年)。
2. 学者:求学的人,学生。
3. 传道:传授儒家的道理。
4. 受业:受,同"授"。受业,即传授学业。
5. 解惑:解答疑难。
6. 从师:跟从老师学习。
7. 乎:于,在。
8. 闻道:懂得道。

9. 固:本来。

10. 师:用作动词,学习之意。

11. 师道:学习儒家之道。

12. 庸:何必。

13. 无:不论,无论。

14. 无常师:没有固定的老师。

15. 郯子:春秋时郯国(今山东郯城县)的国君,孔子曾向他学习官制。

16. 苌弘:周敬王时大夫,孔子曾向他学习音乐。

17. 师襄:春秋时鲁国的乐官,孔子曾向他学琴。

18. 老聃:即老子,春秋时的思想家、道家学派创始人,孔子曾向他学习周礼。

19. 之徒:这些人。

20. 贤:德行与才能。

21. 不如:不及,比不上。

22. 贤:作动词用,胜过、超过之意。

23. 专攻:专门研究。

语译

古代求学的人,一定有老师。老师,是传授道理、讲授学业、解答疑难的人。人不是一生下来便懂得道理的,谁能没有疑难呢?如果有疑难不向老师请教,疑难就永远不能够解决了。

出生在我之前的人,他懂得道理本来就比我早,我要跟从他学习;出生在我之后的人,如果他懂道理也比我早,我也会向他学习。我学的是道理,何必管他年纪比我大还是比我小呢?所以不论贵贱,也不论长幼,道理在哪里，老师便在哪里。

圣人没有固定的老师，孔子曾经向郯子、苌弘、师襄、老聃学习。郯子这些人，他们的才德比不上孔子。孔子说："三人同行，其中必有一个可以当我的老师。"所以学生不一定不及老师，老师在才德上不一定要高过学生，只是懂得道理有所先后，学术和技术上各有专门研究，如此而已。

学而思之

《师说》大约是韩愈三十五岁时所写下的。当时，士大夫阶层中有耻于从师的不良风气，认为有不明白的地方而向别人请教是一种羞耻，而指导人的更会被讥讽是好为人师。于是，韩愈写了这篇文章，指出人要求取知识，必须向人学习；老师就是传授道理、教授学业、解答疑难的人。任何人只要有才能，不管年纪是大是小，地位是高是低，都可以是成为别人的老师。文章还以孔子的言行为例，说明师生关系是相对的，凡是在道与业方面胜过自己或有一技之长的人，都可以当作老师。因此，我们要虚心向人学习，不耻下问，并要尊敬为我们"传道授业解惑"的老师。

十九、卖油翁[1]

欧阳修

陈康肃公尧咨[2]善射,当世无双,公亦以此自矜[3]。尝射于家圃[4],有卖油翁释担[5]而立,睨[6]之久而不去。见其发矢[7]十中八九,但微颔[8]之。

康肃问曰："汝亦知射乎？吾射不亦精乎？"翁曰："无他，但手熟⁹尔。"康肃忿然曰："尔安¹⁰敢轻¹¹吾射！"翁曰："以我酌油¹²知之。"乃取一葫芦置于地，以钱覆¹³其口，徐¹⁴以杓¹⁵酌油沥¹⁶之，自钱孔入而钱不湿。因曰："我亦无他，惟手熟尔。"康肃笑而遣¹⁷之。

认识作者

欧阳修(1007—1073)，字永叔，自号醉翁，晚年又号六一居士，北宋卢陵(今江西吉安)人。他出身寒微，四岁丧父，母亲用芦荻杆画地，教他识字。二十四岁考中进士，开始他三十多年的仕宦生涯，官至副宰相。谥号"文忠"。

欧阳修是出色的文学家，诗、词、散文、史传等都有成就。在散文方面，风格以平易晓畅、温厚雅正为主，在当时与后世，都被尊为宗师，是"唐宋八大家"之一。他的著作，后人编定为《欧阳文忠公集》一百五十二卷。

十九、卖油翁

注释

1. 本文节选自《欧阳文忠公集·归田录》，题目是选文时加上的。据欧阳修撰《归田录》（北京：中华书局，1981年）。
2. 陈康肃公尧咨：北宋人，姓陈名尧咨。康肃，是他死后的谥号。公，古代对男子的尊称。
3. 自矜：自负。
4. 家圃：家中的园子，这里指自家练习射箭的场地。
5. 释担：放下担子。
6. 睨：斜著眼睛看，有轻视之意。
7. 矢：箭。矢，
8. 微颔：稍微点点头。
9. 熟：技术纯熟。
10. 安：怎么。
11. 轻：看轻，用作动词。
12. 酌油：倒油、舀油。
13. 覆：遮盖。
14. 徐：慢慢地。
15. 杓：舀油的工具。
16. 沥：形容油慢慢往下滴。
17. 遣：打发。

语译

　　陈康肃公尧咨善于射箭，在当时世上没有第二个能比得上他，他也因此而很自负。有一次，他在自家的场

地上射箭,有个卖油的老汉放下担子站在那里,斜着眼睛看,很久也不离开。卖油翁看见他发箭,十有八九射中靶子,也只是微微地点点头。

康肃公问道:"你也懂得射箭吗?我的箭法不是很精湛吗?"卖油翁说:"没有别的,只不过手法熟练罢了。"康肃公很生气地说:"你怎么敢看轻我的箭法!"卖油翁说:"从我斟油而知道的。"于是,卖油翁就拿出一个葫芦放在地上,用一个小铜钱盖在葫芦口上,慢慢地用杓子倒油往下注入葫芦,油从铜钱中间的方孔滴进去,而铜钱一点也没有被油沾湿。卖油翁于是说:"我也没有别的,只是手法熟练罢了。"康肃公笑着打发他走了。

学而思之

这是一篇短小精悍的笔记小说。作者先写陈尧咨拥有精湛的射箭技术,并为此而十分骄傲;接着,写卖油翁对陈尧咨射技的观感,以及描述他从钱孔沥油而钱不湿的技巧。从而说明这样一个道理:"熟能生巧","业精于勤",只要勤于练习,努力不懈,就能够成功掌握一种技能。

二十、为学[1]

彭端淑

蜀[2]之鄙[3]有二僧：其一贫，其一富。贫者语[4]于富者曰："吾欲之南海[5]，何如？"富者曰："子何恃[6]而往？"曰："吾一瓶一钵[7]足矣。"富者曰："吾数年来欲买舟[8]而下，犹未能也，子何恃而往？"越[9]明年，贫者自南海还，以告富者，富者有惭色。西蜀之去[10]南海，不知几千里也，僧之富者不能至，而贫者至之。人之立志，顾[11]不如蜀鄙之僧哉？

是故聪与敏，可恃而不可恃也，自恃其聪与敏而不学者，自败者[12]

也。昏[13]与庸，可限而不可限也；不自限其昏与庸而力学不倦者，自力者[14]也。

 认识作者

彭端淑(1699—1799)，字仪一，号乐齐，清代四川丹棱(今四川丹棱县)人。自幼聪颖，十岁能文。雍正十一年(1733)考中进士，授吏部主事。乾隆十九年(1755)出任广东肇罗道观察使，整饬吏治，清除积弊，颇有政绩。

后辞官回家,在四川锦江书院讲学。有《白鹤堂诗稿》、《白鹤堂文稿》、《国朝文录》等传世。

1. 本文节选自《白鹤堂文稿·为学一首示子侄》。
2. 蜀:今四川省。
3. 鄙:边远地方。
4. 语:告诉,说。
5. 南海:指佛教圣地之一的浙江普陀山。
6. 恃:依靠,凭借。
7. 钵:钵盂和尚盛食物的用具。
8. 买舟:雇船。
9. 越:及,到了。
10. 去:距离。
11. 顾:反而。
12. 自败者:自甘失败的人。
13. 昏:愚钝。
14. 自力者:自求力学上进的人。

语译

四川的偏远之地有两个和尚,一个贫穷,一个富有。贫穷的和尚告诉富有的和尚说:"我打算去南海,你认为怎么样?"富和尚说:"你凭什么去南海?"穷和尚答:"我只要一个水瓶、一只钵盂就够了。"富和尚说:"我多年来想雇船前往,直到现在还没有去成。你凭什么前往呢?"到了第二年,穷和尚从南海回来,把自己已经去过南海的事告诉了富和尚,富和尚露出惭愧的神色。四川距离南海，不知道有几千里路啊，富和尚不能到达，可是穷和尚却到了。一个人立定志向，难道还不如四川偏远之地的那个穷和尚吗？

因此，聪明和敏捷好像可以依仗，却不可以完全倚仗的。如果自以为有聪明、灵敏的资质可倚仗，于是就不肯努力学习，那是自取失败的人。愚钝和平庸，好像可以限制人，却不可能完全限制人的。不被自己的愚钝和平庸限制，而努力不懈地学习，那就是自求力学上进的人。

学而思之

本文讲述了这样一个故事：穷富二僧都想到佛教圣地普陀山，富和尚客观条件优越，但想以舟代步，结果迟迟不能成行；穷和尚物资缺乏，但凭着坚定的毅力，终于实现了自己的理想。这说明了事在人为，不管条件好坏，关键在于立志，有志者事竟成。

文章借此进一步说明，决定一个人学业的成败，不是先天的资质，而是后天的勤奋。求学可以说难也可以容易，关键在于有没有立志、努力不努力、有没有实际行动。只要志向坚定，就能变"难"为"易"，取得成功。

二十一、习惯说¹

刘蓉

蓉²少时，读书养晦堂³之西偏一室。俯⁴而读，仰而思，思而弗得，辄⁵起，绕室以旋⁶。室有洼⁷径⁸尺，浸淫⁹日广，每履¹⁰之，足苦踬¹¹焉。既久而遂安¹²之。

一日，父来室中，顾¹³而笑曰："一室之不治，何以天下国家为¹⁴？"命童子¹⁵取土平之。

後蓉履其地，蹴¹⁶然以惊，如土忽隆起者，俯视地，坦然则既平矣！已而复然，又久而后安之。

噫！习之中¹⁷人甚矣哉！足履平地，不与洼适也，及其久而洼者若平，至使久而即乎其故[18],则反窒焉而不宁[20],故君子之学贵慎始[21]。

二十一、习惯说

认识作者

刘蓉(1816—1873),字孟容,号霞仙,清代湖南湘乡人。早年为曾国藩的幕僚,协助策书对太平军作战;后来又跟随骆秉章入蜀,协助处理政务,多建军功,被推荐为陕西巡抚。晚年因事被罢,从此闲居故里。刘蓉工于古诗文,有《养晦堂文诗集》十四卷和《思辨录疑义》等传世。

注释

1. 本文节自《养晦堂文诗集》。据香港中学《中国语文科课程纲要》附文(香港:香港教育局,1999年。)
2. 蓉:作者刘蓉自称。
3. 养晦堂:应堂名。养晦,有隐居修身以静待时机的意思。
4. 俯:低着头。
5. 辄:就。
6. 旋:来回走动,兜圈子。
7. 洼:低陷的地方。
8. 径:直径。
9. 浸淫:原意是水浸物体,这里是逐渐的意思。
10. 履:鞋子,用作动词,指用脚踩踏。
11. 踬:被东西绊倒。
12. 安:平隐,习惯。
13. 顾:看。
14. 何以天下国家为:"何以……为",古文中表示反问句式,意即怎样治国平天下呢?

15. 童子：童仆。

16. 蹴：脚踢。

17. 中：原意为对准目标，这里引申为影响。

18. 故：原来的样子，指平地。

19. 窒：有阻碍。

20. 不宁：不安稳。

21. 学：这里包括学习的方法、态度。

22. 慎始：开始就要慎重，语出《礼记》："慎始而敬终。"

语译

  我年纪小的时候，在养晦堂西侧一间书房里读书。一会儿低着头诵读，一会儿抬起头思考；思考后还有不理解的，便站起来，绕着房间踱来踱去。房间有一个洼地，直径一尺左右，一天天地扩大起来。刚开始的时候，每次踩着洼地，都因脚在这里绊着而烦恼。但时间久了，也就慢慢习惯了。

  有一天，父亲来到我书房中，看见洼地便笑着说："一间房子都不能整理好，将来又怎样担当国家大事呢？"便叫童仆拿来了泥土，把低陷的地方填平。

  过后，我再踩到那（原来低陷的）地方，脚一踢到它就吃了一惊，好像地面忽然凸出来似的。低头看看地面，已经是很平坦的了。接着又是这样，还是有（地面凸出的）那种感觉，过了一段时间，又习惯了。

  唉！习惯对人的影响真大啊！脚踏平地，便不适应踏在洼地上；等到时间久了，踩到洼地上的感觉像踏平地一样；及至后来再接触原来平坦的地面，却反而窒碍脚步而不安。所以君子求学，最要紧的是一开始时就要慎重。

二十一、习惯说

学而思之

　　本文的作者通过脚踩洼地,从不适应到习以为常的过程,说明习惯对人有非常深远的影响,从而带出"学贵慎始"的观点。这也就是说,无论学习或做事,都要把开头做好,养成良好的习惯,避免坏习惯的滋生。坏习惯一经养成,是难以改掉的。

　　文中提出的"学贵慎始"的观点,本来是抽象的事理,作者却从自身的一件生活琐事谈起,既接近现实,又容易引起读者的共鸣,从中得到启示。

二十二、关雎[1] 《诗经》

关关雎鸠[2][3],在河之洲[4]。
窈窕淑女[5],君子[6]好逑[7]。

参差荇菜[8][9],左右流之[10]。
窈窕淑女,寤寐[11]求之。

求之不得，寤寐思服[12]。
悠哉[13]悠哉，辗转反侧[14]。

参差荇菜，左右采[15]之。
窈窕淑女，琴瑟[16]友[17]之。

参差荇菜，左右芼[18]之。
窈窕淑女，钟鼓[19]乐[20]之。

认识作者

　　《诗经》是中国最早一部诗歌总集。本称为《诗》，或称《诗三百》，至汉代才称为《诗经》。《诗经》成书于春秋晚期，一共收集了三百零五首诗歌，为西周初年至春秋中叶五百多年的作品，内容包括祭祀、战争、宴会、农事、恋爱、婚姻等，反映了汦时的社会风貌。作者姓名大都无法查考。《诗经》的作品，分为"风"、"雅"、"雅"三部分。风，又称"国风"，即地方民歌，采自民间，作者有平民，也有下层贵族；雅，是"正"的意思，为朝会及各种典礼、宴会的乐歌；颂，是宗朝祭祀的乐歌及舞歌。"雅"、"颂"的作者多为周王室至诸侯国各阶层的贵族。《诗经》既居"五经"之首，又具文学与史学的珍价，在中华文明发展史上有广泛而深远的影响。

注释

1. 本诗选自《诗经·周南》，是《诗经》中的第一篇，题目是诗中第一句的一、三两个字合成的。据程俊英、蒋见元著《诗经注析》(北京：中华书局，1999年)。
2. 关关：拟声词，水鸟和鸣的声音。
3. 雎鸠：水鸟名，喜欢捕食鱼类。这种鸟情意专一，经常双宿双飞，分开时，也不会和别的异性共栖，和常不同。
4. 洲：水中陆地。
5. 窈窕：纯洁美丽的样子。
6. 君子：古代对男子的美称。
7. 好逑：逑，配偶。好逑，好的配偶。
8. 参差：长短不齐的样子。
9. 荇菜：生在水上的一种植物，可供食用。
10. 流：顺流采摘。
11. 寤寐：寤，醒著；寐，睡著。这里指夜以继日。
12. 思服：两字为同义复词，都是思念之意。
13. 悠哉：形容思念深长的样子。
14. 辗转反侧：翻来覆去，形容不能安眠。
15. 采：采摘。
16. 琴瑟：古代的两种弦起器。古琴五弦或七弦，古瑟二十五弦。
17. 友：亲近，亲密。
18. 芼：摘取。
19. 钟鼓：古代两种乐器名。
20. 乐：使高兴，取悦。

语译

睢鸠关关地和鸣,在河中的沙洲上。那娴静美丽的姑娘,正是君子的好配偶。

长短不齐的荇菜,左一把右一把去采摘。那娴静美丽的姑娘,醒时梦里都在追求她。

当追求不到的时候,醒时梦里都在想念她。思念是那么深长,翻来覆去睡不着。

长短不齐的荇菜,左一把右一把去采摘。那娴静美丽的姑娘,弹琴鼓瑟去亲近她。

长短不齐的荇菜,左一把右一把去摘取。那娴静美丽的姑娘,敲钟打鼓去取悦她。

学而思之

《睢鸠》是一首爱情诗。诗歌以睢鸠和鸣起兴,引发出"窈窕淑女,君子好逑"的咏叹。诗人情趣与自然景物浑然一体的契合,达至情景交融的艺术境界。

这首诗从爱情的萌生写到相思难耐,所表现出来的感情,是热烈的,是坦率的,也是纯真的,典型的。诗中所描写的恋爱心理,贴近一般人的经验,容易引起共鸣,所以自古以来特别受读者的喜爱,是脍炙人口的佳作。

二十三、行行重行行[1]   佚名

行行[2]重[3]行行,与君生别离[4]。
相去万余里,各在天一涯;
道路阻[5]且长,会面安[6]可知!

胡马[7]依[8]北风，越鸟[9]巢[10]南枝。
相去日已远，衣带日已缓[11]；
浮云[12]蔽白日[13]，游子不顾[14]返。
思君令人老，岁月忽已晚。
弃捐[15]勿复道[16]，努力加餐饭[17]！

本诗作者不详，是《古诗十九首》之一。

《古诗十九首》载于南朝梁昭明太子萧所编《昭明文选》，后世研究者一般认为是东汉后期的作品。昭明太子把这十九首诗编辑在一起，由于非一人一时之作，又没有作者的名字，就为它们加上了一个总的题目——"古诗十九首"——作为组诗之名。这组诗风格相近，都是抒情诗，内容多写离别之情、失志之悲、人生无常之叹，其抒情方法往往是用事物来烘托，融情入景，情景相生，艺术性很高，是四言诗发展至五言诗的代表作，后人把它们与《诗经》并论在文学史上具有崇高的地位。

1.原诗本无题目,后世以诗的第一句作为诗题。据萧统编,

李善注《文选》(上海：上海古籍出版社，1986年)。
2. 行行：慢步行走，形容走走停停、徘徊不舍的样子。
3. 重：再，又。
4. 生别离：古代流行的成语，是说虽仍生于人世，却永久别离。
5. 阻：指道路上的障碍，引申为艰险。
6. 安：哪里。
7. 胡马：北方胡人的马。
8. 依：依恋。
9. 越鸟：越，今广东、福建一带，泛指南方。越鸟，南方的鸟。
10. 巢：用作动词，筑巢。
11. 缓：宽松。
12. 浮云：是古代流行的比喻，意指小人、佞臣。
13. 白日：这里比喻远游未归的丈夫。
14. 顾：回望，引申为念、想。
15. 弃捐：丢弃。
16. 道：说。
17. 努力加餐饭：慰勉别人的常用语，等于说多吃点饭，自己保重。

语译

　　走了一程又一程，和您生离作死别。此去道路相距万里，彼此天各一方。道路艰险而且遥远，谁知哪天能再相见？到南方来的胡马还依恋北方吹来的风，去北方的越鸟仍筑巢于南向的树枝上。离别的时光一天比一天

二十三、行行重行行

久远,我的腰带一天比一天宽松。天上的浮云遮蔽着白日,远游的人儿顾不得返回故乡。思念您使我容颜衰损,转眼间一年又已将尽。不必再说起抛弃这回事了,希望您注意饮食,自己保重。

学而思之

本诗是写妇人思念远了的丈夫,吐露相思之苦。全诗的语言浅近自然,而感情却深沉含蓄。首句"行行重行行"五字非常浅白,连用叠词"行行",借反覆咏唱的方法,加强情感的抒发。诗人也善于通过具体的物象,生动地表现抽象的感情,如"相去日已远,衣带日已缓",用离别一天比一天久远,腰带一天比一天宽松,来反映无穷无尽的相思之苦。至于结句"弃捐勿复道,努力加餐饭",则开解自己,表达对离人的关爱,显得凄而不怨,温柔敦厚。由于具有真切的可感性,因而容易引起读者心灵的共鸣,读来情意真挚而余韵无穷。

二十四、长歌行[1]

乐府诗

青青园中葵[2]，朝露待日晞[3]。
阳春[4]布[5]德泽，万物生光辉[6]。

二十四、长歌行

常恐秋节[7]至,焜黄[8]华[9]叶衰。

百川东到海,何时复西归[10]?

少壮不努力,老大徒[11]伤悲。

认识作者

"乐府"原是汉代管理音乐的政府机关。乐,就是音乐;府,就是官府。后人把这个机关所收集、整理和演唱的诗歌称为"乐府诗",简称"乐府"。乐府诗中主要是民歌,也有一些文人作品。所谓"民歌",就是平民自己的声音,歌咏的是平民的生活和情感。乐府诗内容的主要特色,是真实反映当时的社会现实。形式方面,乐府诗没有特定的章法和句法,自由灵活,众体兼备,有利于表现丰富的社会生活和复杂的思想感情。

到了汉末魏初,这时候,乐府诗呈现一种脱离音乐、注重文采的趋势。及至唐朝,就只重社会内容,不管音乐,把继承乐府民歌精神、批判现实的讽谕诗,都称为乐府。北宋郭茂倩编成《乐府诗集》,凡一百卷,分十二类。

注释

1. 本诗是汉代乐府诗,作者已不可考。据郭茂倩辑《乐府诗集》(上海:上海古籍出版社,1993年)。
2. 葵:指某些开大花的草本植物,如向日葵、蜀葵等。

3. 晞:干,晒干。
4. 阳春:春天。
5. 布:布施、散布。
6. 德泽:恩惠。
7. 秋节:秋天。
8. 焜黄:焦黄色,形容植物枯黄的样子。
9. 华:同"花"。
10. 何时复西归:(东流的河水)什么时候才再向西流回流呢?比喻光阴如流水,一去不复返。
11. 徒:只有

　　园中生长着翠绿茂盛的葵花,枝叶上的露珠,待到太阳出来就晒干了。温和的春天散布着恩惠,使自然界万物充满生机,欣欣向荣。总是担心秋天来到,使花和叶变得枯黄衰败。成千上百的河流都向东流到大海,什么时候见到流水向西流回来呢?年轻的时候不努力向上,那么到了年老的时候,就只能白白地悲伤了。

二十四、长歌行

学而思之

谚语"一寸光阴一寸金,寸金难买寸光阴",比喻时间的宝贵。本诗以青葵到了秋天终会枯萎,河水东流入海不复回的事实,说明光阴也是一去不返的,勉励人们应该好好把握时光,奋发向上,实现自己的理想,切莫因浪费青春、虚度年华而悔恨。全诗流露对生命的思考和对时间的珍惜,通过自然界的常见事物,说明深刻的人生哲理。"少壮不努力,老大徒伤悲"这一警句,既发人深省,又明白易懂,早已成为中国世代相传的人生格言。

二十五、木兰诗[1]

佚名

唧唧[2]复[3]唧唧,木兰当户[4]织。不闻机杼[5]声,唯闻女叹息。问女何所思,问女何所忆。女亦无所思,女亦无所忆。昨夜见军帖[6],可汗[7]大点兵[8]。军书

二十五、木兰诗

十二卷[9]，卷卷有爷[10]名。阿爷无大儿，木兰无长兄。愿为市[11]鞍马[12]，从此替爷征。

东市买骏马，西市买鞍鞯[13]，南市买辔头[14]，北市买长鞭。旦[15]辞[16]爷娘[17]去，暮[18]宿黄河边。不闻爷娘唤女声，但[19]闻黄河流水鸣溅溅[20]。旦辞黄河去，暮至黑山[21]头。不闻爷娘唤女声，但闻燕山[22]胡骑[23]鸣啾啾[24]。

认识作者

《木兰诗》又称《木兰辞》、《木兰歌》，是中国南北朝时北朝的一首乐府民歌，选自宋代郭茂倩编的《乐府诗集》。诗篇原为民间创作，作者已不可考。虽然经过了后世文人的润色，但全诗仍保有民间文学节奏和谐、清新刚健的风格，千百年来广为传诵。

《乐府诗集》，共一百卷，分十二类，总计五千多首诗歌，是中国文学史上最完备的一部乐府歌辞总集。

注释

1. 本诗节录自《木兰诗》前半部分。据郭茂倩辑《乐府诗集》(北京：中华书局，1979年)。
2. 唧唧：拟声词，形容织布机声。一说叹息声。
3. 复：又。
4. 当户：对着门。
5. 杼：织布的梭子。
6. 军帖：军书，即军队的文告。
7. 可汗：古代某些少数民族首领的称号。
8. 点兵：征兵。
9. 十二：表示多数，非确指。
10. 爷：父亲。
11. 市：买。
12. 鞍马：泛指马和马具。
13. 鞍鞯：才能鞍下的垫子。
14. 辔头：驾驭牲口用的嚼子和缰绳。
15. 旦：天刚亮的时候。
16. 辞：告别。
17. 娘：同"娘"。
18. 暮：傍晚，太阳将落的时候。
19. 但：仅，只。
20. 溅溅：拟声词，形容流水声。
21. 黑山：北方的山名，即杀虎山，在今内蒙古呼和浩特东南面。
22. 燕山：即燕然山，今蒙古国境内杭爱山。
23. 胡骑：北方少数民族的骑兵。
24. 啾啾：拟声词，形容马叫的声音。

　　"唧唧"又"唧唧"的声音，是木兰正对着门在织布。(忽然)听不到织布声，只听到女儿在叹息。我问女儿在想什么？我问女儿在思念什么？女儿没有想什么，女儿也没有在思念什么。(只是)昨天晚上看到军中的文告，君王在大规模征兵了。征兵名册很多卷，卷卷都有爹爹的名字。爹爹没有儿子，木兰没有哥哥。我原意为此去买马和马具，从此替爹爹出征。

　　到东市买了好马，到西市买了鞍垫，到南市买了辔头，到北市买了长鞭。黎明告别爹和娘，黄昏露宿黄河边。听不到爹娘呼唤女儿声，只听见黄河的流水发出"溅溅"的声响。黎明告别黄河去，黄昏来到黑山头。听不见爹娘叫唤女儿的声音，只听到燕山那边胡人的战马发出"啾啾"的嘶鸣。

学而思之

　　《木兰诗》塑造了中国文学史上一位坚强、勇敢的女英雄形象，光彩照人。节选部分，叙述在国家危难关头，花木兰挺身而出，女扮男装，代父从军，表现了她孝敬父母，敢于担当重任的美好品德。紧接着描述木兰购买鞍马及踏上征途，节奏明快、气氛紧张，交代木兰离家出征情况。

　　花木兰的故事，一经流传，获得广大民众的喜爱。这个故事纷纷在各种戏剧舞台上演出，这可以说明《木兰诗》作为一篇文学作品具有强劲的生命力。

二十六、移居[1] 客至[2]

陶潜
杜甫

1. 移居（其二）

陶潜

春秋多佳日，登高赋[3]新诗。
过门更相呼[4]，有酒斟酌[5]之。

农务各自归，闲暇辄[6]相思。

相思则披衣[7]，言笑无厌[8]时。

此理[9]将不[10]胜[11]，无为[12]忽[13]去兹[14]。

衣食当须纪[15]，力耕[16]不吾欺[17]。

2. 客至

杜甫

舍[18]南舍北皆春水，

但[19]见群鸥[20]日日来。

花径不曾缘[21]客扫，

蓬门[22]今始为君开。

盘飧[23]市远[24]无兼味[25]，

樽[26]酒家贫只旧醅[27]。

肯[28]与邻翁相对饮，

隔篱呼取[29]尽余杯[30]。

认识作者

陶潜（365—427），又名渊明，字元亮。一说东晋时名渊明，入南朝刘宋后改名潜。自号五柳先生，谥靖节先生。浔阳柴桑（今江西九江西南）人。早年曾做过几任地方官，但因厌恶官场的黑暗，不愿屈节逢迎上司，便在四十一岁辞官归隐，过着亲自耕作的田园生活。他以清新自然的山水田园诗着于世，后世称为"隐逸诗人之宗"。有《陶渊明集》传世。

杜甫（712—770），字子美，号少陵野老，祖籍襄阳（今湖北襄樊），生于巩县（今河南巩义），唐代著名诗人，也为中国古代现实主义伟大诗人。杜甫一生仕途坎坷，短期任左拾遗，好友严武推荐他为检校工部员外郎，因此后世又称他为杜工部。他亲身经历安史之乱，目睹唐代由盛转衰、"万方多难"，用诗反映了当时的社会现实，表达忧国忧民的情怀，形成沉雄浑厚的独特性格。后世尊为"诗圣"，他的诗则被誉为"诗史"。有《杜少陵集》传世。

注释

1. 《移居》共二首，是陶渊明在晋安帝义熙六年（410），迁居南村新居后不久写的。本文选录的是第二首。据钦立《陶渊明集》（北京：中华书局，1979年）。
2. 这首诗写于四川成都城郊的草堂，是一首喜迎客人的记事诗。原诗题下有杜甫的自注："喜崔明府相过。"明府，是对县令的尊称；相过，就是来访。据中华书局编辑部点校《全唐诗》（北京：中华书局，1999年）。

3. 赋：吟咏。
4. 更相呼：互相招呼。
5. 斟酌：倾酒入杯，借指饮酒。
6. 辄：每每，总是。
7. 披衣：穿衣(出门访友)。
8. 厌：这里是满足的意思。
9. 此理：这种生活道理，乐趣。
10. 将不：岂不。
11. 胜：美好。
12. 无为：不要。
13. 忽：轻率，轻忽。
14. 兹：此，指这种生活。
15. 纪：经营。
16. 力耕：努力耕作。
17. 不吾欺：即"不欺吾"，不会欺骗我。
18. 舍：指家，即草堂。
19. 但见：只见。
20. 群鸥日日来：鸥，水鸟名，羽毛多为白色或灰色，以捕食鱼类等为生。群鸥日日来，暗用《列子》"鸥鸟忘机"的典故，意指人没有心机，连鸥鸟也能和他亲近。
21. 缘：因为。
22. 蓬门：用蓬草编制的门，形容居所简陋。
23. 盘飧：飧，熟食。盘飧，泛指菜肴。
24. 市远：离市集远。
25. 兼味：兼有几种美味，指鱼肉之类。
26. 樽：酒器。
27. 旧醅：旧酿的酒。
28. 肯：能否允许。这是向客人征询。

29. 取：语助词。
30. 余杯：剩下来的酒。

语译

1. 移居（其二）

春秋两季多有晴和的好日子，那时适宜登高望远，吟咏新诗。邻里之间相互走动招呼，有酒就大家一同畅饮。农忙时各自回去耕作，闲暇时总会彼此想念。思念时就起身披衣访友，谈谈笑笑，乐此不疲。这样的生活情趣岂不比什么都美好吗？不要轻易地将它丢弃。有关衣食的事需要去经营料理，努力耕作的成果是不会欺骗我的。

2. 客至

草堂的南北都是无边的春水，只见一群一群的鸥鸟天天飞来。花间小路不曾为谁打扫过，茅屋的门今天才为您打开。盘里的菜肴因为离市集远，没有什么美味；又因为家里贫穷，樽中也只有旧日酿下的酒。如果您愿意和邻居老翁对饮的话，那我就隔着篱笆把他叫来一起干杯。

学而思之

　　《移居》一诗，描绘了一幅农村生活画卷：天朗气清时，相约邻居或登高赋诗，或共聚畅饮；农务繁忙时，就各自去做自己的事；闲暇无事时，就过门相访，一起谈谈笑笑。全诗连接紧凑，层层递进，带出了邻里之间纯朴的情谊。诗的结尾"衣食当须纪，力耕不吾欺"是全篇的点睛之笔，道出自然之乐的本源在于辛勤躬耕，简单易明的道理中，却饱含了人生的无数经验和感慨。

　　《客至》一诗，是杜甫抒写款待客人、宾主共饮的忘情之乐。全诗生活气息浓郁，亲切自然，给读者以身临其境之感。从空间上看，从外到内，由大到小；从时间上看，写了迎客、待客的整个过程。诗中采用对话题，用第一人称的口气，从独自到对客讲话，语句质朴晓畅，一气贯注，不假修饰，形成了一种灵动真切的境界。"花径不曾缘客扫，蓬门今始为君开"，是诗中名句，常为人引用。

二十七、九月九日忆山东兄弟[1]　王维

清明[2]　　　　　　　　　杜牧

元日[3]　　　　　　　　　王安石

1. 九月九日忆山东兄弟

王维

独在异乡[4]为异客[5],

每逢佳节倍[6]思亲。

遥知[7]兄弟登高处[8],
遍插[9]茱萸[10]少一人。

2. 清 明
杜 牧

清明时节雨纷纷,
路上行人欲断魂[11]。
借问[12]酒家何处有,
牧童遥指杏花村[13]。

3. 元 日
王安石

爆竹声中一岁除[14],
春风送暖入屠苏[15]。
千门万户曈曈[16]日,
总把新桃换旧符[17]。

二十七、九月九日忆山东兄弟
　　　　清明
　　　　元日

 认识作者

　　王维(701—761),字摩诘,祖籍太原祁州(今山西祁县),后迁居蒲州(今山西永济)。唐玄宗开元年间进士及第。官至尚书右丞。他是一个虔诚的佛教徒,在佛学方面有很深的造诣,诗歌中往往融会佛理禅意,有"诗佛"的称号。王维的山水田园诗尤其出色,是盛唐山水田圆诗派的代表作家,与孟浩然齐名,并称"王孟"。他不仅擅长诗文,而且在绘画、音乐、书法等各方面都有很高的水平,宋时苏轼称其"诗中有画,画中有诗"。他的不少诗篇,还可以入乐。著作辑为《王右丞集》。

　　杜牧(803—853),字牧之,京兆万年(今陕西西安)人,宰相杜佑之孙。唐文宗大和年间进士及第。杜牧素有经邦济世抱负,历任监察御史、司勋员外郎等职,也曾出任黄州、池州、睦州等地刺史,晚年任中书舍人。他的诗文里,往往借历史题材讽咏现实,指陈时弊。杜牧的绝句,有很高的成就,意境清新,秀丽雅淡,与李商隐合称为"小李杜",又称"小杜",以别于杜甫。有《樊川文集》传世。

　　王安石(1021—1086),字介甫,号半山,祖籍太原,后迁徙到抚州临川(今江西临川)。北宋著名政治家、思想家与文学家。宋仁宗庆历年间进士及第。宋神宗熙宁年间两任宰相,推行新法。晚年退居江宁(今江苏南京)钟山半山园。他曾受封荆国公,世称"王荆公"。王安石在文学方面很有成就,是唐宋八大家之一。他主张做学问要经世致用,文学要"有补于世"。因此,他的散文立意高远,论析透辟;诗歌多指陈现实,抒发自己的见解抱

负。晚年转写山水风光，注重字句的推敲锤炼，喜用冷僻的典故。文集今存《王文公文集》、《临川先生文集》两种。

注释

1. 这是一首怀乡思亲的诗作。诗题下有"时年十七"四字，说明是王维十七岁时写的。农历九月九日，是重阳佳节；山东，是指王维故乡蒲州（今山西永济县），因在华山以东，故称。当时王维离开了家乡蒲州到长安准备应试，适逢重阳佳节，因而思亲怀乡，写下了这首诗。据中华书局编辑部点校《全唐诗》（北京：中华书局，1999年）。
2. 这首诗咏写清明时节的景物。清明，是指清明节，源于二十四节气之一的"清明"，时间一般在每年公历四月五日，民间有踏青及扫墓等习俗。据李宗为译注《千家诗译注》（上海：上海古籍出版社，1999年）。
3. 这是写农历新年的诗。元日，一年的第一天，即农历正月初一。据高克勤编选《宋诗三百首》（上海：上海古籍出版社，2000年）。
4. 异乡：他乡，这里是指长安。
5. 异客：在他乡作客的人。
6. 倍：加倍，更加。
7. 遥知：远远地想象。
8. 处：这里是时候的意思。
9. 插：佩戴。
10. 茱萸：一种有浓烈香气的植物。古人于重阳节，有插茱萸在头上的风俗，据说可以辟邪增寿。
11. 断魂：失魂落魄，比喻很伤心。
12. 借问：请问。

13. 杏花村：从字面解，是指杏花深处的村庄。有人认为这是村庄的名字，在今安徽省贵池县城西，以出产名酒著称。或指今山西汾阳杏花村，相传自南北朝以来即产汾酒。
14. 一岁除：一年过去了。
15. 屠苏：酒名，以屠苏、山椒、桔梗、肉桂等多味草药调制而成。相传于农历正月初一，家人先幼后长饮之，可避邪、除瘟疫。
16. 瞳瞳：太阳初升，由暗而渐渐明亮的样子。
17. 新桃换旧符：桃和符都是指"桃符"。桃符，原是画有神荼、郁垒两个神像的桃木板，相传悬挂在门上可以驱邪。古时正月初一，家家户户都要悬挂，到了第二年的元日，再挂上新的，换下旧的。桃符从明代起逐渐为春联代替。

1. 九月九日忆山东兄弟

　　独自一人在外乡为客，每逢佳节更加倍地思念亲人。遥想兄弟们登高的时候，遍插茱萸只缺我一人。

2. 清明

　　清明时节细雨霏霏，过路行人心情悲伤，好像失去了魂魄似的。碰上小牧童，问他哪里有酒家，小牧童指向远处的杏花村。

3. 元日

　　一年在鞭炮声中过去了，春风暖得像把屠苏酒也吹热了。初升的太阳照遍千家万户，人们都把门上的旧桃符，换上新的。

学而思之

《九月九日忆山东兄弟》，前两句是写诗人自己在怀念故乡的亲人，"每逢佳节倍思亲"，"倍"字可见平日思念不绝，到节日更加殷切；后两句则是逆写在家乡的兄弟们怀念自己的情景，这样一来，思乡念亲的感情就表现得分外深婉动人。而首两句快人快语，写出人人心中所有、人人笔下所无的乡思乡愁，成了千古绝唱。

《清明》全诗平白如话，简洁描写了清明时节的气候特征和人物动态，而诗人与牧童的一问一答，更为诗歌增添情趣，化解了清明的愁思。这首诗已经成为描写清明节最著名的作品。

《元日》一诗，有如一幅春节风俗画，诗人抓住了几个春节的习俗：放爆竹、喝屠苏酒、换新桃符，具体地表现了喜气洋洋的节日气氛，显示千家万户都兴高采烈地迎接新春，期待美好的新一年。

二十八、渭城曲
送孟浩然之广陵
和子由渑池怀旧

二十八、渭城曲[1]
送孟浩然之广陵[2]
和子由渑池怀旧[3]

王维
李白
苏轼

1. 渭城曲

王维

渭城[4]朝[5]雨浥[6]轻尘[7],
客舍[8]青青柳色新。

劝君更⁹尽一杯酒,
西出阳关¹⁰无故人¹¹。

2. 送孟浩然之广陵

李白

故人¹²西辞¹³黄鹤楼,
烟花¹⁴三月下¹⁵扬州。
孤帆¹⁶远影碧空尽¹⁷,
唯见长江天际流¹⁸。

3. 和子由渑池怀旧(节录)

苏轼

人生到处知何似?
应似飞鸿¹⁹踏雪泥。
泥上偶然留指爪,
鸿飞那复计东西²⁰。

二十八、渭城曲
送孟浩然之广陵
和子由渑池怀旧

认识作者

李白(701—762),字太白,号青莲居士。祖籍陇西成纪(今甘肃天水)。幼年随父迁居绵州昌隆(今四川江油)。年轻时,漫游各地,增广见闻。唐玄宗天宝初年,奉召到长安,供奉翰林。三年后因得罪权贵,便离京继续漫游。李白是唐朝诗人,也为中国古代伟大的诗人之一,有"诗仙"之称,和杜甫合称"李杜"。他的诗作,多描绘山河的壮丽风光,抒发豪迈的情怀,充满浪漫色彩,风格豪放飘逸。有《李太白集》传世。

苏轼(1037—1101),字子瞻,一字和仲,号东坡居士,眉州眉山(今属四川省)人。自幼聪慧,七岁知书,十岁能文。二十一岁进士及第,步入仕途后,苏轼积极参与议政,在官场上却很不顺利,一生多次被贬。苏轼博学多才,善文,工诗词,书画俱佳,与父苏洵、弟苏辙都在文坛上享有崇高声望,人称"三苏",俱入"唐宋八大家"之列。苏轼在词的发展上有重大贡献。他以写诗的笔法填词,开拓了词的境界,摆脱宋初绮艳柔媚的词风,开创出豪放飘逸的一格。著有《东坡乐府》、《东坡志林》等,辑为《东坡全集》。

注释

1. 诗题本作《送元二使安西》,后入乐传唱,称为《渭城曲》,在唐、宋时代广泛流传。据中华书局编辑部点校《全唐诗》(北京:中华书局,1999年)。
2. 唐诗人孟浩然于开元十四五年(726—727)之间东去黄

陵(今江苏扬州)，好友李白在黄鹤楼为他送行，写下了这首送别诗。之，往。据中华书局编辑部点校《全唐诗》(北京：中华书局，1999年)。

3. 宋仁宗嘉祐六年(1061)年冬，苏轼途经河南渑池入陕西，就任凤翔府签判，得到其弟子由(苏辙)寄诗——《怀渑池寄子瞻兄》，因而和韵。原诗为七律，这里节录其前四句，等如一首七绝。据高克勤编选《宋诗三百首》(上海：上海古籍出版社，2000年)。

4. 渭城：在今陕西咸阳市东，渭水北岸。
5. 朝：早晨。
6. 浥：沾湿。
7. 轻尘：微细的尘土。
8. 客舍：供旅客投宿的地方，这里指送别友人的地方。
9. 更：再。
10. 故人：出塞要道，在今甘肃敦煌西南。
11. 故人：老朋友。
12. 故人：指孟浩然。
13. 西辞：向西辞别，黄鹤楼在黄陵之西。
14. 烟花：春天繁花盛开，一片如烟如雾的样子。
15. 下：作动词。到扬州去。因扬州在长江下游，所以用"下"。
16. 孤帆：孤伶伶的帆船，这里指孟浩然乘的船。
17. 尽：看不见了。
18. 天际：天边。
19. 飞鸿：飞雁。
20. 东西：指去向。

二十八、渭城曲
送孟浩然之广陵
和子由渑池怀旧

语译

1. 渭城曲

　　渭城的晨雨沾湿了路上轻飘的浮尘，旅舍前的柳枝翠绿清新。请你再饮一杯美酒，往西出了阳关，就见不到老朋友了。

2. 送孟浩然之黄陵

　　老朋友向西方辞别了黄鹤楼，在繁花似锦、柳丝如烟的三月，乘船东去扬州。孤单帆影消失在蓝天尽头，只见那滔滔江水向着天边奔流。

3. 和子由渑池怀旧

　　人生所到之处和什么相同呢？就像鸿雁踏过的雪泥：泥上偶然留下指爪的痕迹，鸿雁飞走了，却不知飞向何处。

学而思之

《渭城曲》是王维送别友人元二所写的诗作。古人送别,很早就有折杨柳相赠的风俗,取"留"、"柳"二字一语双关的谐音。这首诗前两句写景,点明送别的时间、地点和环境气氛,景中有情。后两句语浅意浓,第一句带有临别再留之意,第二句含有道声珍重之情。两句饱含著送别友人依依不舍的真情。

《送孟浩然之黄陵》也是一首送别诗。诗中以视点的转移寄寓送别的深情。诗人在楼上望着那孤零零的轻舟渐行渐远,最后连帆影也在碧空里消失,只剩下一江春水。这表现了诗人目送的专注,也含蓄地传达了友情的深厚和离别的不舍,有如一幅情景交融的图画。

《和子由渑池怀旧》首句"人生到处知何似"以问句开端,起笔突兀,表现出对人生哲理的深刻思索。紧接着,诗人自问自答,用"飞鸿踏雪泥"、"偶然留指爪"的意象表示了人生的踪迹不定,过去的事迹容易泯灭。这个比喻新颖生动,后来被人们概括为"雪泥鸿爪"的成语。而诗中一问一答之间,浑通圆融,体现苏诗乃至宋诗重理趣的特点。

二十九、送杜少府之任蜀州
黄鹤楼

王勃
崔颢

1. 送杜少府之任蜀州

王勃

城阙辅三秦,风烟望五津。
与君离别意,同是宦游人。

海内[9]存知己,天涯[10]若比邻[11]。

无为[12]在歧路[13],儿女[14]共沾巾[15]。

2. 黄鹤楼

崔颢

昔人[16]已乘黄鹤去,

此地空余黄鹤楼。

黄鹤一去不复返,

白云千载[17]空悠悠[18]。

晴川[19]历历[20]汉阳[21]树,

芳草萋萋[22]鹦鹉洲[23]。

日暮乡关[24]何处是[25],

烟波[26]江上使人愁。

二十九、送杜少府之任蜀州 黄鹤楼

认识作者

王勃(650—677)，字子安，绛州龙门(今山西河津)人。为"初唐四杰"(另三人为杨炯、卢照邻、骆宾王)之一。王勃自幼聪敏，六岁能文，十四岁进士及第，做过几任小官。他是一个才学俱富的青年诗人，其主要作品是五言诗，骈文则以《滕王阁》为世传诵。明代张燮辑有《王子安集》传世。

崔颢(704—754)，汴州(今河南开封)人。唐玄宗开元年间进士，天宝年间官至司勋员外郎，晚年到东北边塞从戎。早期诗歌多写儿女情爱，诗风轻浮艳丽；后来他经历边塞生活，颇多写战争的诗，其诗风也变为雄放豪迈。《黄鹤楼》一诗，是他的传世名作。据说，李白登上黄鹤楼见了这首诗，有"眼前有景道不得，崔颢题诗在上头"之叹。《全唐诗》辑其诗四十二首，编为一卷。

注释

1. 这是一首五言律诗，王勃的朋友外放到蜀州去做官，王勃写了这首诗为他送行。少府，即县尉；之任，赴任；蜀州，今四川崇庆县。据中华书局编辑部点校《全唐诗》(北京：中华书局，1999年)。
2. 这是一首七言律诗。黄鹤楼故址在今武汉市长江大桥武昌桥头，历来为登临览胜之地。据中华书局编辑部点校《全唐诗》(北京：中华书局，1999年)。
3. 城阙：阙，宫门前的望楼。城阙，指京师长安。
4. 辅：护卫、拱卫之意。

5. 三秦：今陕西一带，项羽灭秦后，曾将秦国旧地分为雍、塞、翟三国，称为"三秦"。
6. 风烟：风光景物。
7. 五津：津，渡口。五津，指四川岷江的五个渡口，名白华津、万里津、江首津、涉头津、江南津。
8. 宦游人：离家外出做官的人。
9. 海内：四海之内，即全中国。
10. 天涯：天边，指极远的地方。
11. 比邻：近邻。
12. 无为：不要。
13. 歧路：岔道，指分别的地方。
14. 儿女：青年男女。
15. 沾巾：沾湿手巾，意思是流泪。
16. 昔人：指传说中的仙人。黄鹤楼有一个传说：三过时代有一个叫费文祎的人来到这里，忽然天上飞来一只黄鹤，他就骑上黄鹤楼到天上，成了神仙。
17. 千载：千年，这里是概数。黄鹤楼始建于公元223年，距崔颢题诗的年代只有五百年左右。
18. 悠悠：渺远无尽的样子。
19. 晴川：指白日照耀下的汉水。
20. 历历：清楚分明的样子。
21. 汉阳：水的北面为"阳"。汉阳，在武昌（黄鹤楼所在地）之西，汉水北面。
22. 萋萋：草茂盛的样子。
23. 鹦鹉洲：地名，在今武汉市西南长江中。
24. 乡关：故乡。
25. 何处是："是何处"倒装，在哪里。
26. 烟波：指水波渺茫，如烟雾笼罩。

二十九、送杜少府之任蜀州 黄鹤楼

语译

1. 送杜少府之任蜀州

　　三秦大地拱卫著雄伟的京城,遥望远处是风烟迷茫的五津。离别之时你我都依依不舍,何况我们同样是到异乡做官的人。但只要你和我是知心朋友,就算远隔天涯海角也如同近邻。我们不要在这分别的路口,像那些青年男女一样,让泪水沾湿了手巾。

2. 黄鹤楼

　　传说中的仙人已乘黄鹤飞升了,这里只剩下一座黄鹤楼。黄鹤飞走后再也没有回来,千百年来只见天上的白云飘荡浮动着。万里晴空底下,汉阳的树木清楚可见,鹦鹉洲的芳草一派茂盛。夕阳西下,不知故乡在哪里,那江上的烟波浩渺,勾起我的无限乡愁。

学而思之

　　《送杜少府之任蜀州》是一首送别诗。好朋友要分别，难免惜别依依，情调感伤。然而，诗人以"海内存知己，天涯若比邻"两句，顿化惜别为奋励，写出知心朋友即使各在天之一涯，也是心意相通的。这两句情意真切，别出机杼，一扫历来送别诗缠绵悱恻的惆怅情绪，表现出一种乐观旷达的胸怀，引起无数读者心灵的共鸣。

　　《黄鹤楼》一诗，写吊古怀乡之情。诗人登上城楼，想起古代的神话传说，眺望眼前景色，由景生情，情景相生，把思古的幽情和思乡的伤感巧妙地联系起来。全诗构想美妙，气势浑厚。诗中"悠悠"、"历历"、"萋萋"的叠词，添加了诗的音韵之美。

三十、燕诗[1]

白居易

梁[2]上有双燕,翩翩[3]雄与雌。衔[4]泥两椽[5]间,一巢生四儿。四儿日夜长[6],索[7]食声孜孜[8]。青虫不易捕,黄口[9]无饱期。嘴爪虽欲敝[10],心力不知疲。须臾[11]十来往，犹恐巢中饥。辛勤三十日，母瘦雏[12]渐肥。喃喃[13]教言语，一一刷毛衣。一旦[14]羽翼成，引[15]上庭树枝。举翅不回顾[16]，随风四散飞。雌雄空中鸣，声尽呼不归。却[17]入空巢里，啁啾[18]终夜悲。

燕燕尔[19]勿悲，尔当反自思。思尔为[20]雏日，高飞背[21]母时。当时父母念，今日尔应知！

认识作者

白居易（772—846），字乐天，号香山居士，唐代下邽（guī，今陕西渭南县境）人。唐代著名诗人，也是中国古代伟大诗人之一。白居易自幼聪慧，刻苦读书，唐德宗贞元年间进士及第。曾任校书郎、左拾遗、左赞善大夫等，官终刑部尚书。白居易是新乐府运动的倡导者，主张"文章合为时而著，诗歌合为事而作"，并且通过创作来实践他的理论。讽喻诗一百七十多篇,是他在这方面的巨大成就。这些作品,反映民生疾苦,揭露社会现实。在诗歌语言上,力求通俗化,浅白平易。此外,白居易的叙事诗也有很高成就,脍炙人口的《长恨歌》与《琵琶行》,均流传甚广。诗作现存近三千首,是唐朝诗人存诗最多者。有《白氏长庆集》。

注释

1. 原题为《燕诗示刘叟》,题下有白居易的自注:"叟有爱子,背叟逃去,叟甚悲念之。叟少年时,也尝如是。故作《燕诗》以谕之矣。"意思是说,有一刘姓老翁,由于爱子长大离他而去,老翁非常想念他。老翁年轻时也曾经背离父母。于是,白居易写下这首诗,以物喻人。据中华书局编辑部点校《全唐诗》(北京:中华书局,1999年)。
2. 梁:同"梁",房屋的横梁。
3. 翩翩:轻快飞舞的样子。
4. 衔:用嘴含。
5. 椽:放在梁上架着屋顶瓦片的木条。
6. 长:生长发育。
7. 索:讨取。
8. 孜孜:拟声词,形容鸟鸣声。
9. 黄口:雏鸟出生时,嘴为黄色,故称"黄口"。这里用来借代小燕。
10. 敝:破损。
11. 须臾:片刻,一会儿。

12. 雏：幼鸟。雏，粤音"初"。
13. 喃喃：形容连续不断地小声说话的声音，这里指燕子的鸣叫。
14. 一旦：忽然有一天。
15. 引：带领。
16. 回顾：回头看。
17. 却：还、再。
18. 唧啾：拟声词，形容鸟叫声。
19. 尔：你、你们。
20. 为：当、做。
21. 背：离开、背弃。

语译

梁上有两只燕子，一只雄的，一只雌的，在轻快地飞来飞去。他们把泥土衔到两根橡子之间筑巢，一窝生了四只小燕子。四只小燕子日日夜夜地长大，吱吱地叫着讨东西吃。青虫真不容易捕捉呀，小燕子似乎没有吃饱的时候。雌雄双燕的嘴巴和爪子虽然都快磨破了，但为了小燕子，心里从不觉得疲倦。他们一会儿就飞来飞去十几趟，还担心小燕子吃不饱。辛苦地劳动了一个月，母燕身体慢慢地瘦了，小燕子却逐渐长得肥肥的。他们小声地教小燕子说话，给每只小燕子梳理身上的羽毛。有一天翅膀的羽毛长成之后，他们领着小燕子飞到庭院的树枝上。小燕子举翅高飞不回头，随着风向四处分散地飞去了。雌雄双燕在空中叫喊着，直至声音都嘶哑了，可是小燕子却不回来。他们只得再回到空空的窝巢里，唧啾唧啾地悲伤叫了一整夜。

　　燕子呀燕子，你们不要悲伤，应当回过来想想自己。想想你们以前做雏燕的时候，远走高飞背离母燕的情景。当时父母想念你的心情，今天你应该知道了。

学而思之

　　《燕诗》是一首寓言诗。寓言诗是诗歌众多体式的一种。诗中的主人公可以是动物、植物或非生物，但实际上表现的是人类的生活情感，是带有劝诫、讽刺、教育意义的文学作品。

　　全诗三十句，通篇写得平白如话，朴实无华。诗中极力描写雌雄双燕养育四只小燕子的辛苦：从捕虫喂养到教授说话，从梳理羽毛到训练飞翔。然而，小燕子长大后不顾父母而去，只留下双燕在空巢中，终夜悲鸣。诗人以燕子的行迹作讽喻，警诫世人要牢记养育之恩，孝敬父母。这种以物喻人的艺术手法，使诗歌形象鲜明，起到了比直接说教更好的表达效果。

三十一、赋得古原草送别[1] 白居易
游山西村[2] 陆游

1. 赋得古原草送别
白居易

离离[3]原上草,一岁一枯荣[4]。
野火烧不尽,春风吹又生。

三十一、赋得古原草送别 游山西村

远芳⁵侵⁶古道⁷，晴翠⁸接⁹荒城。
又送王孙¹⁰去，萋萋¹¹满别情。

2. 游山西村

陆游

莫笑农家腊酒¹²浑¹³，丰年留客足¹⁴鸡豚¹⁵。
山重水复¹⁶疑无路，柳暗¹⁷花明¹⁸又一村。
箫鼓追随春社¹⁹近，衣冠简朴古风²⁰存。
从今若许闲乘月²¹，拄杖²²无时²³夜叩门²⁴。

认识作者

陆游（1125—1210），字务观，号放翁，宋山阴（今浙江绍兴）人。他出生的第二年，金兵攻占了当时的首都汴京（今河南开封），北宋也随之覆亡了。宋高宗时应礼部试，取为第一名，却遭秦桧黜落；孝宗时，赐进士出身。历任地方官，并一度从戎，戍守大散关。陆游有很大的政治抱负，希望能恢复中原，可是受了现实的种种限制，壮志难酬。六十六岁时退居家乡山阴。陆游在诗、词、散文方面都有很高的造诣，以诗成就最高，是南宋著名的爱国诗人，现存诗九千余首。有《剑南诗稿》、《渭南文集》等。

注释

1. 这是一首应试诗，是为应科举考试而写的习作。古代凡是按照规定的题目作诗，都要在题目上加"赋得"二字。据中华书局编辑部点校《全唐诗》(北京：中华书局，1999年)。
2. 这首诗写于宋孝宗乾道三年(1167)春天。山西村，在今浙江绍兴市鉴湖附近。据高克勤编选《宋诗三百首》(上海：上海古籍出版社，2000年)。
3. 离离：茂盛的样子。
4. 枯荣：枯，枯萎。荣，茂盛。枯荣，是指野草的生长规律，依一年的时令或枯萎或茁长。
5. 远芳：远处的野花野草。
6. 侵：这里是蔓延、长满的意思。
7. 古道：古老的道路。
8. 晴翠：晴天阳光中的一片翠绿颜色，指野草。
9. 接：连接。
10. 王孙：古代贵族子弟的通称，这里指友人。
11. 萋萋：草生长茂盛的样子。
12. 腊酒：腊月(农历十二月)酿造的过年酒。
13. 浑：浑浊。酒以清者为上。
14. 足：充足，足够。
15. 豚：小猪，也泛指猪。
16. 山重水复：山峦重叠，流水回绕。形容地形复杂。
17. 柳暗：柳色深绿，所以说"暗"。

三十一、赋得古原草送别
　　　　游山西村

18. 花明：花光红艳，所以说"明"。
19. 春社：古代以立春后的第五个戊日为春社日，这一天农民祭祀土地神和五谷神，以祈丰收。
20. 古风：古代淳朴的风俗。
21. 闲乘月：有空闲的时候趁著月色出遊。
22. 拄杖：撑着拐杖。
23. 无时：随时，不定时。
24. 叩门：敲门。

语译

1. 赋得古原草送别

　　原野上长满了茂盛的青草，每年都会繁荣一次，枯萎一次。野火烧也烧不完，春风一吹，野草又长出来了。远处芬芳的野草一直长到古老的道路上，阳光下青翠的草色接连着那荒凉的古城。我送别友人出门远行，这绵绵不断的青草，就像是我依依不舍的情意。

2. 游山西村

　　不要笑话农家过年的酒浑浊不清，丰收的年头他们款待客人杀鸡又宰猪。(想起刚才走来的时候)，重重的山峦夹着那回环的溪水，看起来似乎无路可进了，不料在绿柳红花的掩映下又展现一个村庄。村民吹箫击鼓，结队往来，可知春社的日子快到了。人们的衣著都很简单朴素，显得还保存古代的风俗。今后如果允许我乘着月光到此闲游，我会拄着手杖随时来敲你们农家的门。

学而思之

在《赋得古原草送别》一诗，诗人借咏古原野草，把自然界的野草与人事的送别联系一起，巧妙地借着野草的旺盛生命力，抒发了友人间的别离之情，这种情意也是充满生气，永不凋谢的。其中的"野火烧不尽，春风吹又生"，蕴含哲理，既带出野草顽强的生命力，也表示了诗人送别友人的离情别绪恰如春草，在心中滋长。

《游山西村》一诗，描绘了山西村美丽的景色、节日的热闹场面以及村民好客的真挚感情，表达了诗人对农村生活的向往。其中"山重水复疑无路，柳暗花明又一村"是千古名句，这两句既是写景，又富哲理，达到情景交融的境界，後多用以比喻绝处逢生，忽现转机。

三十二、鱼歌子[1]
忆江南[2]

张志和
白居易

1. 鱼歌子
张志和

西塞山[3]前白鹭[4]飞,桃花流水鳜鱼[5]肥。青箬笠[6],绿蓑衣[7],斜风细雨不须归。

2. 忆江南

白居易

江南好,风景旧曾谙[8]。日出江花[9]红胜火,春来江水绿如蓝[10]。能不忆江南?

认识作者

张志和(约730—810),字子同,婺州金华(今浙江金华)人。唐肃宗时曾在翰林院任职,后因事被贬,从此决意辞官隐居。自号玄真子,又称烟波钓徒,以钓鱼为乐。他对诗词、书画、音乐无一不精。《全唐诗》存其诗词九首,作品多描写隐逸生活。

注释

1. 这首词是张志和归隐后的作品,又名《鱼父歌》。据龙榆生编选《唐宋名家词选》(北京:中华书局,1962年)。
2. 白居易十四岁时旅居江南,住了六年;五十一至五十三岁又在苏州、杭州做过刺史,对江南的风物有深厚的感情。他六十七岁时,回忆江南景物,写了《忆江南》词三首,这是其中一首。据龙榆生编选《唐宋名家词选》(北

三十二、鱼歌子
忆江南

京：中华书局，1962年）。
3. 西塞山：即道士矶，在今浙江吴兴县滋湖镇。
4. 白鹭：一种水鸟，羽毛纯白，只有嘴与脚呈黑色，夏季头顶处生纯白色长毛。以水中的鱼类、水生动物和昆虫为食物。
5. 鳜鱼：俗称桂鱼，味道鲜美。
6. 箬笠：以竹篾编成的帽子。
7. 蓑衣：用草或棕叶等制成的雨衣。
8. 谙：熟悉，知晓。
9. 江花：江边的花。
10. 蓝：蓼蓝草，叶子可以制成深青色的染料。

语译

1. 渔歌子

西塞山前，白鹭展翅飞翔，桃花盛开，河水流动，鳜鱼肥美。(渔翁)头戴青色的斗笠，身披绿色的蓑衣，在斜风细雨中垂钓，流连不想回家。

2. 忆江南

江南真美好，我早就熟悉那旖旎的风光。太阳照耀下，江边的花比火更红；春日来时，江水绿得发蓝。怎能不怀念美好的江南？

学而思之

　　《渔歌子》一词，可以说是"词中有画"，短短的二十七个字里，描绘了白鹭飞翔、桃花飘香、河水流动、鳜鱼跳跃、渔翁垂钓，有动有静，构成一幅色彩绚丽的景象。在抒情上，这首词以含蓄见长，"不须归"三字，写来平淡无奇，却道出了词人对自然景色的留恋与闲适生活的喜爱。

　　《忆江南》写得生机盎然，色彩艳丽。首句直述江南的美好和过去对它的熟悉，点明"忆"字。中间两句，词人敷彩设色，以"红胜火"与"绿如蓝"色彩明艳的词藻，显示出江南春色的迷人之态。最后一句故作反问，更觉余味无穷。

三十三、水调歌头[1]

苏轼

明月几时有?把[2]酒问青天。不知天上宫阙[3],今夕是何年。我欲乘风归去,又恐琼楼玉宇[4],高处不胜[5]寒。

起舞弄清影⁶，何似⁷在人间！转
朱阁⁸，低⁹绮户¹⁰，照无眠。不应有恨¹¹，
何事¹²长¹³向别时圆？人有悲欢离合，
月有阴晴圆缺。此事古难全¹⁴。但愿
人长久，千里共婵娟¹⁵。

注释

1. 《水调歌头》是词牌名。这首词写于神宗熙宁九年（1076）。当时苏轼任密州（今山东诸城县）知州。词的序文说："丙辰中秋，欢饮达旦，大醉。作此篇，兼怀子由。"作者交代了写作的起因是中秋彻夜畅饮，怀念弟弟苏辙（子由）。据唐圭璋编纂《全宋词》（北京：中华书局，1999年）。

2. 把：持，举起。

3. 宫阙：泛指宫殿。阙，宫门两边供瞭望的楼。

4. 琼楼玉宇：琼，赤色的玉，这里泛指玉。琼楼玉宇，形容精美华丽的楼阁，这里借指"天上宫阙"。

5. 不胜：禁受不住，承受不了。

6. 弄：玩赏。

7. 何似：还不如，哪里比得上。

8. 朱阁：朱红色的楼阁。

9. 低：用如动词，月光向低处照。
10. 绮户：雕花的门窗。
11. 恨：不满，遗憾。
12. 何事：为什么。
13. 长：总是，经常。
14. 古难全：自古以来就难以完美。
15. 婵娟：传说中月里的嫦娥，这里借指月亮。

语译

　　什么时候有明月呢？我举起酒杯向青天发问。不知道天上的宫殿，今天晚上是哪一年。我想乘着清风回到天上，又害怕在美玉砌成的楼阁下，抵受不住高处的寒流冷气。我对月起舞，让自己的影子随人晃动。天上虽然美好，怎么比得上人间？

　　月亮转过华美的楼阁，低斜地贴近雕花的门窗，照着失眠的人。月亮不应对人怀有怨恨吧，为何却偏偏在人别离时圆满起来？人间有悲哀、喜悦、离别、团聚的时候，月亮也有阴暗、皎洁、圆满、残缺的时候，这些事情自古以来就难以十全十美，称心如意。但愿我们都健康长寿，即使相距千里，也能共同欣赏这美丽的月亮。

学而思之

前人说:"中秋词自东坡《水调歌头》一出,余词尽废。"苏轼的《水调歌头》,已经成为中秋词中最具代表的一首。全词以咏月贯穿始终,借着描写自己赏月饮酒暇的遐想,抒发对人世间悲欢离合的感慨,表达了对弟弟的怀念之情。

"人有悲欢离合,月有阴晴圆缺,此事古难全。"作者透过常见的生活现象和自然现象,对人生、对宇宙进行探索,把人的悲欢离合,同月的阴晴圆缺这种自然现象等量齐观,认为都是不可避免的,使离愁别恨得到化解,充满哲理意味。最后化悲怨为旷达,以祝福之语结束全词,创造了一个富于哲理与人情的文学世界。

本作品从获得香港优质教育基金资助的"高小中国语文科中华文化教学研究及实验计划"开发而成,对本作品所引致的任何法律责任,香港优质教育基金信托人概不负责。